LE PRINCE

DE MACHIAVEL

OU

La Romagne en 1502.

PAR H. AUGER.

TOME PREMIER.

PARIS.

GUILLAUMIN, LIBRAIRE,

3, RUE NEUVE-VIVIENNE.

1834.

LE PRINCE

DE MACHIAVEL.

Paris. — Imprimerie de RIGNOUX et Cᵉ, rue des Francs-Bourgeois-St.-Michel, 8.

LE PRINCE

DE MACHIAVEL

OU

La Romagne en 1502

PAR H. AUGER.

TOME PREMIER.

PARIS.

GUILLAUMIN, LIBRAIRE,

3, RUE NEUVE-VIVIENNE.

1834.

INTRODUCTION.

Cet ouvrage est publié aujourd'hui tel qu'il a été conçu il y a cinq ans. L'auteur pensait déjà que le devoir du romancier était de concourir, par tous ses efforts et par tous les moyens possibles, à l'instruction morale et politique des nombreux lecteurs de romans. Il pensait aussi que le choix d'un sujet n'est pas une chose indifférente ; mais qu'il s'agit cependant moins de raconter un événement et de peindre des personnages, que de faire naître des réflexions sur ce qu'on appelle les grandes choses et les grands hommes ; que de montrer comment, sous leur influence, l'esprit humain procède dans sa marche séculaire et progressive. Un fait historique lui semblait être seulement le texte ou le prétexte servant à émettre les idées d'avenir qui doivent toujours préoccuper l'écrivain, un moyen de cacher le but philosophique auquel il se propose de conduire. Depuis 1828, cette pensée, timide d'abord, est devenue une conviction profonde.

Des études sérieuses et des travaux nécessaires ont empêché que ce roman, auquel l'auteur attachait une sorte d'importance à cette époque, ne fût achevé et publié. L'insurrection de 1830 et les événements qui l'ont suivie sont venus distraire de tout ce qui était purement personnel et littéraire ; mais comme il y avait au fond de cet ouvrage une idée politique, l'auteur a repris son œuvre et avec elle du courage. Pour l'écrivain consciencieux, il est une chose à laquelle tout est subordonné dans la vie, c'est le désir ou plutôt le besoin d'être utile.

L'auteur se voit donc avec tristesse dans la nécessité de dire, en donnant au public *le Prince de Machiavel*, commencé il y a cinq ans, que l'égoïsme et la cupidité rapprochent tellement les temps et confondent les dates à ce point, qu'il ne s'est pas trouvé dans l'obligation de retrancher un seul passage, tant la royauté de 1830 a augmenté la soif de notre indépendance, et offre peu de différence avec celle qui l'a précédée. Nous avons dormi sur un rêve.

C'est d'ailleurs pour lui une affaire de conscience que de livrer à l'impression son ouvrage tel qu'il a été écrit; en voici la raison : Depuis cinq ans tous les beaux arts se sont empreints d'une couleur de moyen-âge devenue fort à la mode. Quand on ne sait pas où l'on va, quand on ne voit rien devant soi, l'espoir revêt une vieille forme, l'esprit cherche dans le passé ce qui sympathise le plus avec l'in-

stinct qui l'agite. Le besoin est un prophète qui se manifeste par toute espèce
d'accents. Or, le commencement du
XVIe siècle était l'époque dans laquelle
l'auteur se plaçait à dessein, parce
qu'elle offrait avec la nôtre une sorte
d'analogie; et l'Italie, au moment où vivaient les hommes qui ont fait le siècle
des arts, l'Italie avec son penseur, son
historien, son politique, en un mot avec
Machiavel, devenait belle à montrer, non
pas par des tableaux, mais par des idées.

C'est la marche opposée que les écrivains ont suivie : l'auteur tient plus que
jamais à la sienne.

L'Italie avait été, dans le moyen-âge,
un centre directeur, où tout était orga-
nisé pour l'ordre, les peuples marchant
d'un pas ferme sous la bannière des chefs
spirituels, ne cherchant pas à s'écarter de
la voie, parce qu'ils y étaient conduits
par leurs guides naturels, par les hom-

mes les plus avancés. Il devenait intéressant de la montrer à la fin de cette
grande époque normale, dans un de ses
mouvements palingénésiques, dans un
de ces états transitoires durant lesquels
le présent, quel qu'il soit, ne saurait plus
satisfaire parce qu'il laisse pressentir autre chose dans l'avenir. C'est ce que l'auteur a voulu faire, en peignant à la fois
deux faces d'une société livrée au malaise
des transformations : c'est-à-dire d'un
côté, un peuple pauvre, peu nombreux,
au bas degré de l'échelle de la civilisation, retardataire par l'effet de ses institutions ; et de l'autre, des masses fatiguées
d'un ordre de choses déjà usé, s'avançant
sans guide, à tâtons, cherchant par instinct un nouveau bien-être, possédées
du démon de la destruction, voulant
tout renverser pour marcher plus vite.
En premier lieu c'est la république de

San-Marino, point inaperçu dans l'Italie ; en second lieu, c'est l'Italie entière.

Le commencement du XVIᵉ siècle fut en effet d'autant plus remarquable en Italie, qu'il fermait le moyen-âge, et qu'il ouvrait ce qu'on a nommé, à tort ou à raison, l'époque de la renaissance. Machiavel en venant analyser le passé, soulevait un avenir immense. Or ce n'est pas dans sa forme extérieure que l'auteur a cherché à peindre ce qui restait encore de la vieille unité en 1502, au moment où la société, changeant de peau, entrait dans une vie nouvelle. L'idée de Platon avait fait son œuvre ; tout avait été rationnel, grand, unitaire ; alors on en appelait à l'idée d'Aristote : c'est donc avec l'esprit du temps seul qu'il fallait envisager les hommes et les faits ; les Borgia et Machiavel ; l'effort énergique des premiers, la force d'inertie du second ; d'un

côté, Alexandre VI et Valentinois sur
des trônes; de l'autre, le secrétaire florentin, l'ambassadeur de la seigneurie,
observateur froid par convenances diplo-
matiques, homme passif, méditateur. Ici,
les barons romains, la féodalité faisant
une dernière tentative, exhalant un dernier signe de vie ; là, le despotisme des
pouvoirs spirituel et temporel exercé dans
une même pensée par les membres d'une
même famille, redonnant à la société une
impulsion forte, comme Louis XI l'avait
fait en France; enfin, d'un côté les convulsions de l'agonie du mourant, de l'autre la faim insatiable et l'insensibilité du
nouveau-né. Voilà ce qu'il fallait peindre,
voilà ce qu'il faut voir dans ce livre par
les événements qui y sont racontés et
avec les personnages qui y figurent. Le
moyen-âge de l'ouvrage qu'on va lire
n'aura donc pas les brillantes couleurs
de ces vitraux que la littérature a pré-

sentés depuis quelques années. Il vient le dernier, c'est une grande faute peut-être; mais l'auteur ne prétend à aucune innovation.

Cependant il ose encore, parce qu'il sait qu'on n'a pas tout dit sur ce XVIe siècle qui offre tant de richesses.

Le pouvoir spirituel sentant les rênes du monde civilisé s'échapper de ses mains, réclamait, pour prolonger sa direction, le secours des beaux arts, demandait pour la foi en péril une expression vive, extérieure, qui parlât aux sens, qui excitât le sentiment religieux et ranimât les sympathies. La peinture répondit à cet appel : elle devint pour le christianisme ce que la statuaire avait été pour le polythéisme au moment où Socrate sapait sa base. Raphaël, Michel-Ange remplirent les fonctions des Phidias, des Praxitèle; ils portèrent la partie technique de leur art au plus haut degré

de perfection ; mais cette circonstance an-
nonce déjà que les masses ne croient plus
vivement. Quand la foi est grande, le
plus grossier simulacre de la divinité suffit pour l'entretenir ; à mesure que les
croyances se perdent, on s'attache davantage au mérite des formes. Quelque
puissant que fût le secours de l'art du
peintre, de quelque génie que les grands
maîtres qui viennent d'être cités fussent
doués, l'esprit humain s'empressa de
quitter la voie qui avait conduit au but.
Mais l'esprit ne s'arrête pas ; les hommes
qui influèrent si fortement sur leur
temps étaient nés ; ils avaient eu leurs
précurseurs, comme tous ceux qui doivent diriger l'humanité dans une route
quelconque. L'unité spirituelle devait céder le monde au pouvoir temporel. La
puissance morale de la parole devait disparaître pour un temps devant la puissance physique du glaive, car les succes-

seurs de l'apôtre avaient déjà oublié leur caractère et compromis le pontificat par l'intérêt personnel. La direction de la société leur était arrachée par la force des choses. On commençait à spécialiser, à dépouiller le principe de ses fonctions les plus larges ; la politique devenait une science en dehors de la religion , un pouvoir à part. Machiavel grandissait, et Luther méditait peut-être déjà sa grande pensée de retardement. La réforme éclata en 1518.

Nous sommes tellement pressés du temps, les choses marchent d'un pas si rapide pour les esprits, qu'on se trouve forcé de dire ce qu'on a voulu faire faute de pouvoir l'exécuter silencieusement , sans crainte d'être devancé; car il n'y a pas d'idée qui ne serve bientôt à ceux qui vivent de la table d'autrui , et les larrons ont des mouvements agiles. En littérature, aujourd'hui, on se fait voleur dès qu'on a un lieu de débit et un public pour acheter. Ce qu'on appelle modestement des emprunts forme le bagage des notabilités de notre époque ; ils volent sans se donner la peine de tuer, ce qui est aussi une grande faute. En étudiant le commencement du XVIe siècle, et l'Italie encore radieuse de liberté et d'influence, la pensée de l'auteur était de présenter au public cette trilogie : *le Pape,* c'est-à-dire le moyen-âge, par l'histoire d'Alexandre VI; puis *le Prince,* c'est-à-dire les premières lueurs de l'époque intermédiaire appelée la renaissance, par l'histoire de César Borgia ; puis enfin *l'Historien,* c'est-à-dire la science du passé servant à prévoir l'avenir, par l'histoire de Machiavel. Ce qu'il a voulu faire il est toujours temps de l'entreprendre; car il faut aux plagiaires des choses faciles et des travaux tout prêts.

Ici, en intervertissant l'ordre de publication, si *le Prince* prend le pas sur le pontife, c'est qu'il faut répondre aux exigences du jour et donner le viatique au
mourant.

D'un autre côté, la société est tourmentée d'une question à laquelle l'univer-
salité des citoyens prend un admirable
intérêt : c'est de savoir quelle forme de
gouvernement convient le mieux et doit
donner aux peuples la plus grande somme
de bonheur et de sécurité. Quand les
masses populaires en sont venues à ce
point de délibérer ce qu'il leur faut, on
peut tout prévoir, les conséquences sont
faciles à tirer, l'avenir est proche, et la
question de forme est bientôt résolue par
une autre question plus importante, celle
du but social. Quoi qu'il en soit, comme
l'esprit humain procède par des moyens
réguliers, c'est être utile que d'éclairer la

question du jour. A cette question l'auteur a répondu par un livre, par *le Prince de Machiavel.*

L'idée fondamentale de ce roman est donc de montrer ce que c'est qu'un prince.

Une fois cette intention expliquée, le lecteur pourra l'oublier à travers les formes dont elle est revêtue; la réflexion le ramènera toujours à comprendre que le prince est l'homme aux mains duquel passe la direction de la société; que l'avenir et la sécurité des peuples dépendent quelquefois de ses qualités, quelquefois de ses vices, toujours de sa volonté; qu'il n'y a pas un mouvement de son cœur, pas un mot de sa bouche qui n'ait son retentissement, car à ses côtés est le flatteur, le courtisan, l'homme dégradé qui le devine, qui l'interprète, qui l'exagère; car à sa droite est l'homme-glaive sur lequel il s'appuie, le justicier, le bourreau ; car la loi, c'est son bon plaisir.

Avec le but que l'auteur se proposait, avec ses idées sur les beaux-arts et sur la littérature en particulier, il pouvait reprendre Louis XI, que Walter Scott, du haut de son génie, n'a vu qu'à l'extérieur, n'a peint qu'avec son costume et ses coutumes ; que M. Casimir Delavigne, venant après M. Mély-Jeannin, et du bas de l'imitation, n'a élevé qu'à la taille d'un acteur médiocre, n'a mesuré qu'avec son mètre de douze syllabes. Oui, on peut reprendre Louis XI, car ce roi est un grand prince, non par sa manière d'être, non par ses ridicules ; mais par les bienfaits qui résultèrent de ses actes, comme des actes de Richelieu et de Robespierre. Dans *Quentin Durward,* Louis XI est tracé avec l'amour d'un antiquaire pour l'exactitude des plus petites choses : le politique est tout entier dans la ruse. Dans la tragédie du rimeur quasi classique, quasi romantique, quasi quelque chose , quasi rien du tout, Louis XI est un roi de théâtre, presque aussi ridicule que le Glocester des *Enfants d'Édouard,* en un mot ce que peut concevoir de plus large le cerveau de l'auteur de *la Parisienne.*

Mais outre que le public ne sait pas toujours apprécier le motif qui porte un écrivain sans nom à reprendre les sujets gâchés par les écrivains à grande renommée, l'histoire n'est pas tellement avare de leçons qu'elle ne puisse fournir différentes empreintes des mêmes types. C'est une chose remarquable, au contraire, que les mêmes besoins produisent partout les mêmes souffrances, à peu près dans le même moment, dans les pays arrivés au même degré, à des époques antérieures ou postérieures , selon la marche intellectuelle des nations. Ainsi l'idée-prince était reproduite en Italie dans Cé-

sar Borgia, quand elle venait de disparaî-
en France. De même après la mort de
Louis XIV elle surgit en Russie dans
Pierre-le-Grand; car il faut bien que les
hommes du nord arrivent aussi, quoique
tardivement et irrégulièrement, à la civilisation chrétienne. Pourquoi ces nations
seraient-elles déshéritées de leurs droits
parce qu'elles sont en retard? L'opposé
de cette question a au contraire ses conséquences rigoureuses.

César Borgia est représenté, d'après
l'un des écrivains les plus remarquables
des temps modernes, Machiavel, comme
un type du prince; et nul n'ignore que le
Florentin a dû la triste célébrité attachée
à son nom au livre appelé le plus com-
munément *le Prince*. Avec un tel homme,
offert dans un tel livre, par un tel politique, il n'y avait pas à reculer, et l'auteur
n'avait plus la liberté du choix; sa tâche
était en partie préparée, souvent il n'avait

qu'à copier, qu'à redire. C'était l'histoire qui parlait, et les cris d'accusation et de malédictions furent autrement perçants contre le duc de Valentinois que contre l'assassin des Armagnacs !

Soulevant donc le manteau pesant des préjugés sous lequel les historiens ont enseveli les Borgia, l'auteur a trouvé des vices, des crimes ; mais aussi une vaste intelligence, de nobles pensées quoique représentées, au point de vue du progrès de l'humanité, par tout ce qui semble en apparence servir le moins cette sainte cause. Cependant il faut le dire, la guerre était encore un moyen de civilisation, et l'idée d'une monarchie tendant toujours à étendre sa domination, devait remplacer en quelque sorte l'unité papale. Cette pensée instinctive était d'ordre et d'utilité, à cette époque. Séparant, dans son esprit, les hommes qui passent vite, des principes, qui ne disparaissent qu'après avoir produit tout ce qu'ils sont appelés à produire, l'auteur a vu dans Alexandre VI, comme individu, *un mauvais sujet*, selon l'expression de M. de Maistre; dans le duc de Valentinois, un homme de bruit et de sang; mais la question, toute la question, est de savoir si, en bonne logique, le pontificat et le pouvoir politique d'un seul sont responsables des erreurs qu'ils couvrent de leur ombre. Si en 1502 tout est, sous les Borgia, ce que l'histoire nous le montre, c'est que la papauté était à son déclin (Machiavel, dont la vue était longue, dit la religion chrétienne), et le nouveau pouvoir directeur à son aurore.

Avec César Borgia il devenait facile de déclamer contre l'idée que représente l'autorité du prince; il suffisait, pour ainsi dire, de reproduire toutes les imprécations des historiens, toutes celles qui, seulement en France, ont retenti contre

les rois depuis la révolution française.
Mais non-seulement le moyen est usé et
vulgaire, il est aussi au-dessous du sujet.
C'est une chose trop tôt dite et trop tôt
contredite que de proclamer l'autorité
sans bornes du prince comme un ferment
de crimes et de vices; il fallait arriver à
cette conclusion philosophique, que l'autorité sans bornes du prince lui est nécessaire, parce qu'il ne peut agir en bien
ou en mal qu'à cette condition; il fallait
que la question de l'existence du prince
conduisit naturellement à cette conviction, que le bien est la conséquence rigoureuse du mal, que les progrès n'ad-
viennent qu'à la suite des abus; que dans
l'existence humanitaire l'alternative est
constante, régulière; enfin, que l'esprit et
la matière ne marchent, sans s'écarter de
la ligne droite, en allant d'un mieux à un
mieux, que par le renversement, le sang,
la violence, gestes de puissance, moyens

révolutionnaires, soit qu'un seul, soit
que quelques-uns, soit que les masses les
manifestent.

C'était du moins une forme nouvelle
de flétrir un homme que de l'exalter, de
le poétiser, de le couvrir de tous ses avantages moraux; et puis, ainsi revêtu, ainsi
cuirassé, que de le combattre en citant
les faits. Il y a de la loyauté à supposer
chez ceux qu'on hait tout ce que l'imagination peut rêver de beau; mais s'ils
viennent étourdiment détruire par des
actions la bonne opinion que vous vous
étiez absolument formé d'eux, vous êtes
forts dans votre haine.

Depuis que des penseurs profonds ont
regardé Machiavel comme un écrivain attaché à la cause des peuples, tous les
hommes de bonne foi partageant cette
opinion ont compris l'auteur du *Prince*,
d'après ses autres écrits. Mais la forme
apologétique employée par le Florentin

pour parler de Borgia suffisait pour ne pas laisser le moindre doute sur ses intentions. Machiavel est un homme trop supérieur, qui avait trop connu le duc de Valentinois, pour vulgariser ainsi son *Traité du prince* par ses opinions individuelles nettement formulées. Il examine froidement, il expose ; il dit avec le même calme le bien et le mal, le pour et le contre ; c'est à l'homme d'État, à qui le livre est destiné, de conclure et de décider. D'ailleurs, comment oublier que Machiavel vit dans un siècle où les croyances s'affaiblissent, où le doute commence, où le *qui sait?* doit nécessairement s'attacher à tout ce qui est intellectuel? Ainsi, dans le dernier siècle, tout se résumait par cette admirable formule : *qu'est-ce que cela prouve?* ainsi, aujourd'hui, tout trahit l'indigne *combien cela rapporte-t-il?* On pourrait croire qu'il y a au-dessus des siècles une atmosphère qui leur est particulière, qui descend dans tous les esprits, pour causer les mêmes fièvres. Ainsi Machiavel en offrant le sujet d'un roman propre à faire apprécier l'autorité souveraine du prince, venait en quelque sorte indiquer la manière dont il fallait le traiter et s'y prendre pour répondre physiologiquement à la question de la meilleure forme de gouvernement.

Un homme qui plus que personne est capable de comprendre Machiavel, vient de publier un ouvrage consacré à le réhabiliter, à le faire mieux connaître encore. La publication de M. Artaud, pendant trente ans chargé d'affaires de France, ou attaché aux légations françaises à Florence, à Rome, à Vienne, etc., est venue trop tard pour que l'auteur du roman pût profiter des lumières du diplomate. Voici comment il s'exprime à

propos du passage du *prince* ou, selon
lui, des *principautés*, où Machiavel approuve les actes de Valentinois.

« Je n'ai rien dissimulé de ce plaidoyer
en faveur de César Borgia : outre que
c'est un morceau historique d'un émi-
nent intérêt, il s'agit ici de la plus grave
accusation qu'on ait avancée contre
l'homme d'État florentin. C'est ce passage
qui sert de texte aux imprécations, etc.
Certes, je n'ai pas épargné moi-même à
César Borgia les accusations et les atta-
ques. J'ai assez dit combien ont été fé-
roces les crimes de Sinigaglia ; mais ici,
lorsque ces crimes sont, en quelque sorte
et d'après le fond du raisonnement de
Machiavel, mis hors de ligne, comme déjà
jugés et flétris, ici, où il ne faut considérer le duc de Valentinois que comme un
prince nouveau, soumis à l'impérieuse
nécessité de chercher à assurer son auto-
rité, dans la gravité de la perte, et après

la perte de tous ses appuis ; il me semble
qu'il a été permis à Machiavel d'employer
une grande partie des raisons qu'il a dé-
veloppées avec tant d'audace. »

Ainsi voilà Machiavel justifié, parce
que les princes nouveaux sont soumis à
l'impérieuse nécessité de chercher à assurer leur autorité ! C'est avec plaisir
qu'on cite une telle excuse, quand on
tient à prouver que l'autorité du prince
ne peut s'exercer sans qu'elle soit accom-
pagnée d'excès, d'injustices et d'abus.
Mais ce mal, nous l'avons dit, produit
toujours l'indépendance.

L'imagination n'eût rien inventé qui
pût valoir, dans le but que l'auteur s'était
proposé, ce que l'histoire lui offrait. Entre César Borgia (le prince) et Machiavel
(l'historien), le lecteur intelligent placera
toujours dans sa pensée Alexandre VI (le
pape). Sous la tiare, Borgia le pontife,
homme d'un esprit profond et rusé, se

confond avec la puissance du duc de Valentinois, création temporelle du pouvoir spirituel. La corrélation est naturelle : le fils procède du père. D'un autre
côté, pour montrer aux regards un des
mouvements de la transformation sociale, l'auteur a tracé le tableau d'une société vertueuse, d'une république, non
telle que l'antiquité en fournit le modèle,
mais selon la maxime chrétienne : *Il n'y
aura ni premier ni dernier.* Quoique
tourmentée des idées nouvelles qui tendent à détruire l'étroite orthodoxie des
chrétiens selon la lettre, l'agrégation
sociale de San-Marino présente les mœurs
et l'esprit des premiers siècles de l'Église.
Personne ne se méprendra sur l'intention
de l'auteur : au moment où Luther va
protester et détruire le pouvoir papal, il
devenait intéressant de se rappeler dans
quelle situation se trouverait l'humanité
si, comme le dit M. Ballanche : « La re-

ligion faite pour l'homme dans le temps,
n'avait pas été sujette à la loi du progrès
et de la succession ; si l'esprit contenu
dans la lettre ne s'était pas successive-
ment développé. » Il n'est jamais inutile,
quand un pouvoir s'éteint, de voir quelle
route on a parcourue sous sa direction.

Après avoir donné sur son roman une
explication plus sérieuse et plus étendue
qu'il ne voulait d'abord le faire (ce que
la crainte d'être mal compris peut seule
justifier), l'auteur croit devoir emprunter
à Ginguené (*Histoire littéraire d'Italie*)
le passage suivant qui forme la base historique de son ouvrage.

« La seconde légation de Machiavel
réussit mieux, mais lui fait peu d'honneur, et malheureusement elle rappelle
une époque qui n'est pas honteuse pour
lui seul. César Borgia, fort de l'appui du
pape, son père, et de l'alliance que
Louis XII ne rougissait pas d'entretenir

avec lui, avait usurpé la Romagne; de lâches trahisons appuyées par la force des armes l'avaient rendu maître de Piombino, d'Urbin, de Camerino; des condottieri souverains d'autres petits États (1), après avoir servi son ambition le redoutaient; ils se liguèrent secrète-ment pour en arrêter les progrès, tandis qu'instruit de leur ligue il méditait leur perte et l'envahissement de leurs États. Les Florentins, qui craignaient Borgia, recherchés par ces petits princes, pré-férèrent s'attacher plus intimement à lui, et lui députèrent Machiavel. Il ne pouvait manquer d'en être bien reçu; et bientôt, on voudrait en vain le dissimu-ler, il obtint de lui ce qui est le plus à éviter de la part d'un tel souverain, sa confiance. »

(1) *Vitellozzo Vitelli*, seigneur de *città di Castello;* François des Ursins, duc de *Gravina*, et Pagolo des Ursins, son frère; *Pandolfo Petrucci*, seigneur de Sienne; *Jean Paul Baglioni*, seigneur de Perugia, et *Oliverotto da fermo.*

Fidèle à l'histoire, l'auteur a, du moins sur ce point, la conscience de son travail, car à ça près d'un anachronisme de quelques jours et d'une transposition de quelques lieues, tout y est d'une exactitude rigoureuse. C'est ainsi qu'en prenant le soustitre de *La Romagne en* 1502, il s'est encore exposé aux réclamations des gens scrupuleux, qui pourraient dire, géographiquement, où commence la Marche d'Ancône et où finit la Romagne. Mais on entend, politiquement, aujourd'hui, sous ce nom, toutes les possessions du saint-siége qui suivent le littoral de l'Adriatique.

D'un autre côté, aussi souvent que l'occasion s'en est présentée, l'auteur a placé dans la bouche de Borgia et de Machiavel des passages du *Prince*, et de quelques autres ouvrages politiques du secrétaire florentin. Les indiquer eût sans doute donné plus de valeur aux endroits qui en sont soutenus ; mais outre que ces indications n'eussent quelquefois relevé que des expressions, il en serait résulté une affectation à la science historique et une pédanterie qu'il est toujours prudent d'éviter. D'ailleurs l'auteur voulait se réserver le droit de pouvoir répondre, selon les critiques qui seront faites de son œuvre : — C'est un roman ; — ou bien : — C'est une histoire.

C'est qu'en effet la partie inventée est ici liée à la vérité des faits, ou pour mieux dire, elle en est le développement ou la réédification. De même les architectes, d'après les vestiges des monuments croulés, les relèvent dans leur antique splendeur, en rêvent tous les détails, et font quelquefois du bizantin ou du gothique pour un temple de Jupiter, ou pour des thermes impériaux. Mais aujourd'hui on n'y regarde pas de si près. Puisque la *bande noire* du dernier siècle a eu ses ro-

manciers démolisseurs, il est naturel qu'il
y ait aujourd'hui des romanciers recons-
tructeurs. Mais il est plus difficile de re-
construire que d'abattre : l'édifice du
pouvoir d'un seul sapé par les partisans
de la république, l'édifice républicain
badigeonné par les partisans du pouvoir
d'un seul, sont également sous le marteau
et la truelle des manœuvres de nos jours,
et tout se fait et se défait selon qu'il y
a intérêt personnel à faire ou à défaire.
Mais puisque, en politique comme en littérature, rien n'est bien arrêté, dans
l'attente où l'on se trouve, c'est marcher
vers l'avenir que de combattre d'une main
les préjugés du passé et d'édifier de l'autre.

Voici quelle était la situation de l'Italie
dans la seconde année du XVIe siècle.

Le saint-siége était occupé par Alexandre VI. Après avoir anéanti les puissantes
maisons des Colonnes et des Ursins, il
agrandissait le domaine de l'Église avec

les armes de son fils et de la France. « Ce pape, dit Machiavel, ne fit jamais que tromper, il ne pensa jamais à autre chose, et il en trouva toujours les occasions. Jamais il n'y eut d'homme qui affirmât d'un ton plus persuasif une chose fausse, qui accompagnât de plus grands serments une promesse, et qui l'observât moins. Cependant ses fourberies lui réussirent toujours, parce qu'il connaissait à fond cette partie des affaires du monde. » On peut consulter le chapitre XI *du Prince*, où Machiavel traite des *Principautés ecclésiastiques*.

Le royaume de Naples, ravi à Frédéric I par Louis XII et Ferdinand le catholique ligués, était disputé par celui-ci au roi de France, et Gonzalve de Cordoue, surnommé le *grand capitaine*, occupait l'armée française avec les ressources d'un puissant génie.

Le Milanais appartenait, ainsi que Gênes, à la France; mais cette domination n'offrait rien de stable.

Florence, délivrée momentanément des Médicis, soumettait Pise avec l'aide de Louis XII, son allié.

Venise intriguait secrètement contre la puissance du roi français en Lombardie, contre celle de Valentinois en Romagne, contre celle des Florentins au camp devant Pise.

Les Bentivogli occupaient Bologne.

La maison d'Est régnait à Ferrare.

Sienne était au pouvoir de Pandolphe Petrucci.

Le duché d'Urbin était sagement administré par Guidobaldo de Montefeltre.

Toutes les petites seigneuries qui se trouvaient entre les États de l'Église et ceux du roi Louis XII étaient devenues la proie de ces petits princes ou condottieri que la politique d'Alexandre VI voulait sa-

ement anéantir; déjà César Borgia s'était
mparé de celles qui semblaient tracer sa
narche triomphale. « Nos souverains d'I-
lie, dit Machiavel, avant qu'ils eussent
essenti les effets des guerres ultramon-
ines, s'imaginaient qu'il suffisait à un
rince de savoir écrire une belle lettre,
:ranger une réponse artificieuse, mon-
·er dans ses discours de la subtilité et
e la pénétration, et préparer habilement
ne perfidie; couverts d'or et de pierre-
ies, ils voulaient surpasser tous les mor-
els par le luxe de leur table et de leur
t ; environnés de débauches, au sein
une honteuse oisiveté, gouvernant leurs
ijets avec orgueil et avarice, ils n'accor-
:aient qu'à la faveur les grades de l'armée, dédaignaient tout homme qui aurait osé leur donner un conseil salutaire,
et prétendaient que leurs moindres paroles fussent comme des oracles. Ils ne sen-
taient pas, les malheureux, qu'ils ne fai-

saient que se préparer à devenir la proie
du premier assaillant! De là vinrent, en
1494 (1), les terreurs subites, les fuites
précipitées et les plus inconcevables dé-
faites. »

Ce qu'on a appelé *machiavélisme* est
antérieur à Machiavel : c'est l'art de régner. Le secrétaire florentin en venant
rendre au prince toute ses qualités typi-
ques, ne relevait ainsi les pauvres souverains gisants dans la débauche que pour
les montrer dignes de la colère du peuple
et non l'objet de sa pitié.

Machiavel a formulé des vérités qui seront éternelles. Entre autres choses il a dit:
« Le vice de l'ingratitude vit de l'avarice
et du soupçon. Voilà pourquoi les princes sont plus souvent ingrats que les peuples. » Il n'est pas nécessaire de com-
menter cette maxime. Cependant qu'il
soit permis de faire remarquer que l'ava-

(1) Époque de Charles VIII.

rice et le soupçon sont les traits les plus
saillants de l'égoïsme; et l'égoïsme, si ordinaire chez les princes à qui sont confiés les intérêts de tous, suffit pour faire
pencher la balance en faveur du républi-
canisme. Le prince dévoué, phénomène
rare et curieux, c'est la république dé-
guisée; de même que sous des institutions en apparence libérales, on trouve
aujourd'hui le despotisme le plus odieux,
celui qui s'exerce au nom de la loi.

Machiavel, consulté par le pape
Léon X, dans l'incertitude où ce pontife
se trouvait sur la forme qu'il donnerait
au gouvernement de Florence, répondit
par un mémoire, au dire de Ginguené,
plein de sens et d'adresse, où il ne dit
pas franchement tout ce qu'il pense et
tout ce qu'il désire, mais où il le laisse
voir. « Montrer par l'exposition du passé
« les inconvénients d'un gouvernement
« mixte, et la nécessité de choisir entre

« le pouvoir d'un seul et la république;
« présenter l'établissement du pouvoir
« d'un seul dans un état gouverné en ré-
« publique, et celui d'une république là
« où existerait le pouvoir d'un seul,
« comme une chose non-seulement diffi-
« cile, mais barbare et indigne d'un
« homme qui veut être regardé comme
« bon et humain, etc.; terminer enfin en
« présentant comme la plus grande gloire
« que les hommes puissent acquérir, celle
« d'avoir réformé par de bonnes institu-
« tions les royaumes et les républiques.»
C'était parler intelligiblement; mais
Léon X était prince, et l'homme d'État
florentin a dit dans sa terrible satire : Le
prince donnera la liberté de lui dire la
vérité; mais il se déterminera ensuite d'a-
près sa propre opinion.

LE PRINCE

DE MACHIAVEL

OU

La Romagne en 1502.

————

I.

Le voyageur qui parcourt l'Italie du côté de l'Adriatique, admire la situation pittoresque de la petite république de San-Marino, placée sur le sommet d'un mont isolé, connu dans l'antiquité sous le nom de *Titan*. Quelques archéologues pensent qu'il fut l'objet d'un culte particulier, avant que la mythologie ne le fît regarder comme un des points sur lesquels les géants appuyèrent leur entreprise d'escalader le ciel. Mais quand le christianisme éclaira le monde, ses premiers rayons, comme ceux du soleil, frappèrent la montagne, où un pieux maçon mis au rang des saints, fonda la congrégation sociale qui porte son nom, et

qui, toujours fidèle à l'esprit de l'église primitive, a vu passer les âges sans participer aux
douleurs et aux bienfaits de leurs violentes
agitations.

Dans tous les temps, les habitans de cette
roche escarpée avaient repoussé les agressions
temporelles que les évêques du Montefeltre
entreprirent contre eux au nom de l'autorité
spirituelle : leur liberté était restée pure. Ils
n'attachaient d'importance qu'à sa conserva-
tion ; elle semblait être la condition de leur
existence politique ; elle formait leur esprit
national : et ces chrétiens, exempts d'ambition, plus indifférents aux promesses de l'avenir qu'aux souvenirs du passé, laissaient tranquillement tomber chaque heure dans la nuit
éternelle.

Leur pauvreté les mettait à l'abri de la
conquête. Cependant les hommes puissants
ont souvent de puériles vanités à satisfaire :
les maîtres de la Romagne pouvaient regarder
le Titan comme la tour du garde au milieu
d'un domaine, et souhaiter d'élever leur pouvoir sur un mont qui dominait la province

entière. Mais les républicains de San-Marino
ne concevaient pas qu'on eût une telle pensée ;
ils vivaient au sein de la sécurité la plus profonde.

L'esprit régénérateur du moyen âge avait
pourtant, quoique bien faiblement, pénétré
dans la république du Titan. Une inquiétude
secrète s'emparait des âmes; une ardeur sans
but, un besoin vague agissaient sur la jeunesse
toujours avide de choses nouvelles : aussi
semblait-elle ne plus trouver assez d'espace
pour vivre sur la montagne; et, pour la retenir dans les usages transmis de siècle en
siècle, les vieillards citaient les traditions
orales du passé. Ils rappelaient que Guido
de Montefeltre, comte d'Urbin, chef des Gi-
belins dans la Romagne, réfugié à San-Marino, avait abandonné la vie aventureuse du
soldat, pour expier sous le cilice les brigan-
dages que l'esprit de parti et la guerre lui
avaient fait commettre. Mais quelque impo-
sants que fussent de tels souvenirs, ils ne pouvaient contenir des jeunes gens entraînés par
la force impulsive des faits contemporains.

La pensée vertueuse qui adoucit les derniers
moments de l'homme courbé par l'âge ne saurait être sentie par celui qui entre à peine
dans la vie.

Quoique étrangers aux secousses de cette
longue époque tourmentée par la guerre et
par l'usurpation, les citoyens de San-Marino
en avaient ressenti l'influence : les échanges
du commerce les attiraient dans les villes de la
plaine, et, simples, crédules, isolés, peu à peu
ils se laissaient aller aux douceurs du luxe
et séduire par la vue de l'or. Mais de retour
sur la montagne, ils comprenaient, au contact
des habitudes, l'inutilité de ces vains objets
qui avaient si vivement excité leur attention,
peut-être aussi le danger des usages polis, mais
trompeurs; ils cessaient d'éprouver des désirs
nouveaux, importuns, et quand, au milieu
de la famille attentive, ils parlaient de leurs
excursions lointaines, ils semblaient quelquefois douter de l'exactitude de leur mémoire.

Rien n'était changé dans cette situation in-
certaine, quand, dans la seconde année du
seizième siècle, César Borgia, duc de Valenti-

nois, fils naturel du pape Alexandre VI, s'emparait en courant des belles seigneuries de la
Romagne : maître de Rimini, ses troupes
campaient au pied du Titan, sans que les habitants de son tranquille sommet se doutassent
encore que la plupart des villes qu'ils aper-
cevaient comme des bouquets blancs dans
une vaste prairie, fussent réunies sous les
lois d'un seul homme; sans qu'ils pussent
songer à craindre pour leur indépendance.

Tout à coup des idées nouvelles germèrent
dans les esprits; les mots de civilisation, de
renaissance, de développement des facultés
humaines, annoncèrent l'existence d'une opposition formée contre la transmission stérile et
monotone des antiques usages : quelques citoyens vantaient même l'avantage d'être gou-
vernés par un prince dont la noble ambition
tend à l'agrandissement progressif de sa puissance; cependant les noms sacrés de patrie
et d'indépendance, prononcés avec enthousiasme, venaient aussitôt couvrir ces voix sa-
crilèges.

La présence de quelques étrangers avait

produit cette effervescence subite et sans
exemple jusqu'alors à San-Marino. Sous prétexte de connaître les institutions de la république, ils s'étaient appliqués à les faire regarder comme surannées; ils avaient paru
gémir de voir, au sein de l'Italie, un état si
arriéré dans la route du progrès; ils avaient
parlé de sciences, de beaux arts, de politique,
d'industrie; ils avaient énuméré les conquêtes
de l'esprit humain : et la vanité nationale
agissant sur l'âme des jeunes citoyens, ils leur
avaient fait vivement désirer de rompre les
liens du passé, et de s'élancer dans une nouvelle carrière. L'antique union de la grande
famille ne régnait plus; les vieillards et les
jeunes gens, divisés d'opinion, se rassemblaient sous des bannières différentes; mais,
dans l'un et l'autre parti, l'amour de la patrie
faisait battre tous les cœurs : ici, on ne voyait
de salut pour elle que dans l'observance scru-
puleuse des traditions; on pensait là que les
innovations devaient ranimer le principe vital
trop long-temps engourdi, et nulle part on
ne songeait que cette querelle suscitée inopi-

nément par des agents secrets cachait peut-
être un abîme et des fers.

César Borgia avait, en effet, envoyé sur la
montagne des hommes chargés de préparer
les esprits à recevoir sa loi. Il ne tentait jamais
la chance des armes qu'après avoir échoué
dans celle de la ruse. Ce prince qui, par son
caractère et par ses actions, représente à lui
seul une époque entière (celle qui précède en
Italie le siècle de Médicis ou des arts), devait,
pour maintenir la Romagne conquise, ne laisser derrière lui aucun asile à ses ennemis : au
milieu du foyer des divisions intestines, où
le creuset de la civilisation s'échauffait pour
l'avenir, San-Marino, avec ses vertus primi-
tives, apparaissait aux regards du conquérant
comme une forteresse inexpugnable occupée
par des chrétiens de la première Église, con-
servés dans leur simplicité stoïque par quelque fée, ainsi qu'un reste de superstition
grossière l'aurait fait croire. Il importait à
Valentinois d'établir son joug sur un petit
État dont la haute réputation de sagesse in-
fluait moralement sur les villes de la Romagne.

Sa politique avait tracé le meilleur chemin
pour arriver au but, et, dans son impatience,
il aurait désiré de gravir lui-même la montagne pour jeter dans l'âme des bons républicains
ces fermens de longues controverses qui amè-
nent bientôt la chute des institutions usées; il
éprouvait d'ailleurs une vive curiosité de voir
ce qu'on appellerait aujourd'hui une société
momie; il pensait qu'on ne pourrait reconnaître, sous un vêtement modeste, le fils
d'Alexandre VI, et peut-être, à l'importance
qu'il paraissait attacher à cette excursion romanesque, il était possible de lui supposer
quelque autre espérance secrète, étrangère à
ses intérêts politiques.

Si, dans la plaine, un seul homme réglait,
au fond de sa pensée, la marche des événe-
mens; sur le Titan, les citoyens, conduits par
un fil invisible, offraient le spectacle imposant que toutes les sociétés présentent à leur
tour quand des idées nouvelles viennent dé-
trôner les choses vieillies. Dans cette révolution spontanée, le présent, intermédiaire entre
le passé et l'avenir, assistait tranquillement à

la lutte pour se ranger ensuite du côté du
vainqueur. Les hommes mûrs se montraient
effectivement assez indifférents aux débats
préliminaires, qui, chez ce peuple sans expérience, semblaient un jeu nouveau; mais les
vieillards, sur la place publique, en présence
des magistrats, dans le sanctuaire des lois,
attachaient une grande importance à défendre
ce que douze siècles avaient respecté : ils réci-
taient la légende du saint fondateur; ils semblaient fortifiés, par la lecture des Évangiles,
contre toute atteinte du siècle : leurs cheveux
blancs, leurs vêtemens modestes, la mâle
assurance de leur maintien, l'influence morale de leur âge, de la pureté de leur vie,
étaient des discours éloquents, des armes
puissantes ; ils paraissaient rajeunis par la
pensée de combattre pour l'égalité chrétienne.

Les conférences des jeunes citoyens n'a-
vaient pas ce caractère légal si remarquable
dans celles de leurs antagonistes : le lieu
qu'ils avaient choisi pour se réunir l'indiquait
assez; c'était une place que la terreur ren-

dait déserte; l'herbe n'y croissait pas; elle
semblait couverte d'une lèpre calcaire, et on
y voyait deux poteaux à l'extrémité desquels
des crânes humains étaient renfermés dans
des cages de fer. L'agitation la plus vive régnait dans ces conférences; les opinions
étaient émises avec la chaleur qui donne
quelque chose d'audacieux et de passionné,
même aux avis de la prudence. Mais cette force,
cette énergie du jeune âge y faisaient sentir
davantage l'esprit réfractaire des idées nouvelles. Tout ce que l'imagination a de sédui-
sant venait remplacer le vieil ordre de choses
qui resserrait la vie dans des bornes trop
étroites. Il fallait recourir aux sciences, aux
arts, à l'industrie, sources inépuisables de
jouissances et de bien-être : il fallait conquérir d'autres mœurs les armes à la main, et,
comme des fous, ces jeunes gens écoutaient
seulement un instinct secret; ils n'avaient aucune notion des choses qui pouvaient changer leur position : changer était devenu un
besoin. C'est ainsi que s'annoncent les révo-
lutions.

Il y avait à San-Marino un jeune homme
qui, par une prudence rare à son âge, s'était
ménagé la bienveillance des deux partis. Avec
les vieillards, il était vivement touché de
cette vertu qui, depuis tant de siècles, main-
tenait la république pauvre, mais libre, sans
renommée, mais sans douleurs. Auprès des
jeunes citoyens, son cœur se soulevait aux
riantes promesses d'une sphère agrandie; son
ardeur martiale trahissait le charme qu'avait
pour lui l'idée d'une bataille; il se créait des
chimères sur les grands mots qui servaient
de ralliement à ses compagnons d'âge. Ce
jeune homme se nommait Agosto; il était âgé
de quinze ans, mais il avait reçu du ciel une
raison précoce. Sa situation équivoque avait,
en effet, quelque chose d'intermédiaire : personne ne lui connaissait de famille; on l'a-
vait trouvé, nouveau-né, sur la tombe du
saint fondateur, confié à la pitié des citoyens;
ses premiers cris avaient attendri tous les
cœurs; le grand conseil l'avait adopté au nom
de la patrie; une femme en pleurs lui avait
présenté le sein gonflé que la bouche mou-

rante de son enfant ne pressait plus, et Marina della Penna, fille d'un homme recom-
mandable, s'était chargée de veiller sur le
pauvre délaissé, auquel elle avait donné le nom
d'Agosto. Élevé au milieu de tous, il s'était
concilié, en grandissant, l'affection générale;
les mères le chérissaient comme leur propre
enfant; les citoyens en étaient fiers comme
d'une bonne action. Traité en frère par ses
compagnons, en fils par les hommes faits, on
n'avait jamais cherché à soulever le voile de
sa naissance, moins encore à lui en faire sentir le malheur. Il appartenait à la patrie par
autant de droits qu'aucun de ceux qui y avaient
reçu la vie; et, comme il le disait lui-même,
sa famille était la plus nombreuse, puisqu'elle
se composait de toutes les familles : sa mère,
c'était la montagne.

Comme tous les enfants de San-Marino,
Agosto était grand, svelte, actif, entrepre-
nant et fier; mais il l'emportait sur les autres
par la supériorité de son intelligence. Il était
bien jeune encore, qu'il avait déjà la science
des clercs, et, dans les fêtes nationales, il avait

récité des chants de la *Divine Comédie* du
Dante, ou les sonnets de Pétrarque. Dans les
combats simulés que les enfants se livraient
entre eux, l'adresse lui donnait l'avantage
quand il luttait contre des forces au-dessus
des siennes ; son esprit vif devançait toujours
la pensée, un peu lente, de l'antique race pa-
triarcale, et sa conduite, dans le moment
d'indécision où se trouvait la république, té-
moignait assez de sa prudence. Beau, gracieux,
intrépide comme la jeunesse, il était cependant réfléchi comme si la barbe blanche du
recteur de Saint-Jean *sotto le penne* eût om-
bragé son menton, singularité qu'il fallait
attribuer à ses rapports avec ce vieux clerc
qui l'avait employé à copier le commentaire
sur la morale d'Aristote, de Giovanni de Pili,
citoyen de San-Marino, que le goût des
lettres avait fait séjourner à la cour des seigneurs d'Urbin et de Rimini. Mais le savoir
donnait au jeune homme un vernis brillant
sans nuire à l'énergique simplicité de l'éducation que tous recevaient sur la montagne,
éducation basée sur le travail et la prière.

II.

Marina della Penna tressait ses cheveux
avec plus de soin que de coutume, et son regard consultait la plaque d'acier poli qui lui
servait de miroir. Les glaces de Venise n'é-
taient pas encore connues sur le Titan; le
luxe consistait dans quelques ornements d'é-
glise envoyés en don par le pape Pie II. La
femme qui avait rempli pour Agosto tous les
devoirs d'une mère se trouvait, sans le vouloir, supérieure aux femmes de San-Marino
par une circonstance bien rare sur cette montagne. Elle avait voyagé. Élevée dès l'enfance
par son oncle Giovanni della Penna, qui depuis peu de temps était mort recteur de l'u-
niversité de Padoue, elle l'avait suivi à Pise,
où l'amour des sciences conduisait ce sa-

vant. Ce n'était pas sans étonnement qu'on
avait vu dans cette grande cité les habitants
de la petite république offrir, par la forme et
la simplicité de leurs vêtements, par la naïveté
de leurs discours et la droiture de leur sens,
un contraste pittoresque avec le luxe des cita-
dins, et la recherche prétentieuse de leur
langage. Mais à cette époque, le corps savant,
qui se composait encore, en grande partie, des
membres du clergé, ne repoussait personne,
quelle que fût son extraction; le génie et le talent se plaçaient d'eux-mêmes et de droit à la
tête de la société pour remplir leur mission,
pour diriger les masses. Dans le palais des
Pisans, le citoyen de San-Marino, sous sa cape
de laine foncée, avec son large haut-de-
chausses retenu par une courroie grossière,
avait imposé le même respect que si des vêtements somptueux l'eussent couvert. Sa nièce,
avec sa belle chevelure noire nattée sur sa
tête comme une couronne de comtesse, sur-
montée d'un voile blanc, avec ses habits
courts de bure sombre, avec son corset d'é-
carlate, avait charmé, par sa grâce naturelle,

au milieu des riches dames aux longues robes
de velours de Gênes ou de brocard d'or da-
massé de soie. Cependant, malgré ce contact,
Marina était restée simple, et de retour sur la
montagne, elle avait voulu se consacrer à l'é-
ducation du fils adoptif de la patrie. L'attachement qu'elle montrait pour lui était un sentiment qui n'étonnait personne, et Agosto, en
l'entourant d'affection, de reconnaissance et
de respects, lui donnait en quelque sorte l'attitude d'une mère : elle en méritait le titre,
elle en avait l'âme.

Marina consultait son miroir, mais elle n'y
retrouvait plus ces dons de la nature qui jadis la paraient sans qu'elle y songeât. Son regard se porta sur Agosto, en ce moment près
d'elle; alors elle contempla, avec une sorte de
complaisance orgueilleuse, la beauté du jeune
homme et son front élevé que couronnait
une chevelure épaisse et luisante. Le soupir
de regret qui se formait dans le sein de la
femme mourut avant que de naître, quand ses
yeux attristés se détournèrent de l'acier fidèle
pour s'arrêter sur Agosto, pour détailler ses

traits doux, nobles, mais contractés par une
expression sauvage ; elle oublia des jours plus
beaux pour elle et ne vit plus que cet ange
dont elle avait guidé les premiers pas. C'est que
le jeune homme venait de réaliser pour sa pensée une de ces images gracieuses, qui peut-être
rappelaient souvent le souvenir de ces beaux
jours. Il unissait la grâce à la force ; son
justaucorps dessinait des formes un peu trop
longues peut-être, mais élégantes dans tous
leurs mouvements. Ce vêtement simple se ter-
minait par un pourpoint serré, d'une couleur
tranchante, et, au-dessus de ce corps enfermé
dans une étroite mais moelleuse prison, son
cou portait avec audace une tête rayonnante
de jeunesse et de santé.

— Pourquoi veux-tu me retenir? disait-il
avec un air d'impatience; je devrais être déjà
sur les pics pour compter les onze villes,
pour voir la mer rougie et les points blancs
de l'autre rive.

— Pauvre ami ! répondit-elle avec un soupir étouffé, compter les onze villes, voir le
soleil étinceler sur les flots et jouer avec les

crêtes fantastiques de la Dalmatie, ce ne sont plus les plaisirs de ton âge. Dis plutôt que tu veux rejoindre tous ces jeunes fous qui s'arment de bâtons ferrés, et qui envient les usages de la plaine. Hélas! ils ne savent pas ce qu'ils souhaitent! Quand on est vertueux, que manque-t-il au bonheur?

— Eh bien, oui, chère Marina, je voudrais être au milieu d'eux, mais pour les calmer, pour leur faire sentir encore cette vertu des temps anciens qu'ils méprisent aujourd'hui. Tu dis vrai, je ne suis plus d'un âge à rester oisif, ou à sauter au-dessus des précipices; je veux, je dois être utile à la patrie..... Laisse-moi sortir, j'irai sur la place auprès des vénérables défenseurs de notre liberté.

— Patrie! liberté! ces mots sont bien graves pour toi.

— Ce sont les premiers que ma bouche ait prononcés, les seuls qui fassent battre mon cœur.

— Malheureux, dont le mystère et la pitié sont les seuls parens!

— Non, non, tous les citoyens sont mes frères dans la grande famille.

— Reste ici, Agosto, reste. Penses-tu que nos sages fassent attention à toi durant leurs graves entretiens ?

— Sans doute : je leur explique ce que veulent les jeunes citoyens ; je cherche à leur faire comprendre qu'il serait possible d'introduire quelques innovations sans compromettre l'indépendance de la république.

Elle ne répondit rien, mais elle pressa la tête d'Agosto entre ses mains ; son regard semblait vouloir s'étendre comme son affection ; ses lèvres préparaient un baiser qu'elle fit enfin résonner sur le jeune front audacieux ; puis elle ajouta d'un air de dignité :

— Il y a déjà quinze ans !

Alors lui montrant une image de la Vierge dont le culte n'était pas encore généralement répandu sur la montagne, car l'église même y conservait ses traditions, ses rites particuliers qui dataient des premiers siècles, Marina dit au jeune homme, en cherchant

2.

à retenir les pleurs qui mouillaient ses paupières :

— Au nom de la mère de Dieu, mon enfant, accorde-moi quelques moments encore.
J'attends un hôte, un étranger; je le veux
confier à tes soins.... Cette sainte image qui
connaît toutes pensées, Agosto, elle me fut
donnée dans la plaine, dans une de ces villes
qui brillent au sein de la civilisation. Pourtant j'ai quitté sans regrets la grande cité pour
revenir sur ma pauvre montagne, hélas!....
Vois comme les regards de la Vierge nous
cherchent de quelque côté que nous portions
nos pas. Que c'est bien la bonté d'une mère
qui se montre sur ses traits! Les angoisses
de la douleur y disparaissent sous le sourire
de la joie maternelle.... Prions-la, mon enfant; la prière calme les agitations de l'âme
et donne du courage.

Elle s'agenouilla devant l'image, courba
son front jusqu'à terre, et le jeune homme,
attendri sans en connaître la cause, l'imita
dans un pieux recueillement.

En ce moment, on frappa doucement à la

porte. Marina pâlit, et un homme enveloppé
d'un manteau de couleur sombre entra dans
la chambre.

Cet homme paraissait appartenir à une
classe élevée, et, pour peu qu'on l'examinât
avec une grande attention, on découvrait en
lui un caractère de grandeur et de majesté.
Cependant sa taille était médiocre, ses traits
n'avaient rien de remarquable, sa démarche
était brusque; mais l'expression singulière de
son regard et un certain air de tête, produisaient, au premier abord, quelque chose qui
imposait de la crainte : plus tard, l'assurance
de son maintien et l'énergie de son geste
contribuaient surtout au sentiment de timi-
dité que faisait naître sa présence.

Marina s'élança au-devant de lui.

Quelque gracieux que fût le sourire de
l'étranger, sa main, en pressant amicalement
le bras de la jeune femme, vint l'arrêter à
une distance respectueuse.

— Je vous reconnais bien, lui dit-il d'un
ton froid et presque sévère.

Son regard alors se fixa sur Agosto ; un

mouvement de surprise et de plaisir agita ses traits; mais, promptement réprimé, il se perdit dans la mobilité ordinaire de son visage. L'étranger écarta son manteau et s'assit. Selon l'usage, il portait un justaucops d'une couleur vive, qui différait de celle de son pourpoint tailladé à la mode des Espagnols. Ce vêtement n'offrait rien que d'ordinaire; seulement un poignard d'une forme particulière était passé dans sa ceinture de buffle.

— Viens, dit-il au jeune homme, en lui faisant signe d'approcher; viens-çà, mon bel ami : tu te nommes Agosto? Pour quinze ans, te voilà grand et fort.

Agosto s'avança, et pour toute réponse il lui dit :

— Tu portes là un beau poignard.

— Oui, répondit l'étranger en plaçant une main sur la poignée, le meilleur ouvrier de la Romagne n'imiterait pas un pareil travail. Si cette arme te fait envie, je te la donnerai plus tard, en mémoire de moi, quand nous nous connaîtrons mieux.

— Je te remercie, répliqua le jeune

homme en secouant la tête, je ne saurais m'en
servir. Je n'aurais jamais ici le désir et l'occasion de voir briller une lame si courte.
Dans notre paisible patrie, nous ne connaissons d'autres armes que celles de la défense.
Notre fer menace de loin, et ce poignard suf-
firait pour m'apprendre que tu es étranger à
nos mœurs, si déjà tu ne paraissais surpris de
m'entendre.

— Mon bel ami, ton langage doit m'éton-
ner, en effet. Oui, je suis un étranger.

— Agent de l'évêque de Montefeltre, peut-
être ?....

— Ne prends pas l'air menaçant ; un autre
pays m'a vu naître.

— Est-ce Urbin et son vaste territoire ?

— Le son de ta voix s'adoucit à cette demande, et me rappelle l'union qui règne
entre les seigneurs d'Urbin et les hommes
de San-Marino. Mais j'ai fait un plus long
voyage; j'ai remonté l'Arno depuis Pise.

— Pise la savante ! s'écria le jeune homme,
la sœur malheureuse de toutes les villes libres.... Que de fois Marina m'a parlé du

charme qu'on trouve à vivre dans les belles vallées qu'un fleuve arrose! Quand elle parle de Pise, ses yeux sont si doux!.... Comme à présent, regarde.

L'étranger tourna la tête du côté de Marina. Debout, vis-à-vis d'eux, elle les considérait avec une sorte d'extase. Un geste de protection, un léger mouvement de tête lui furent adressés sans qu'elle y fît attention; elle semblait entièrement occupée de souvenirs.

— Elle te parle donc de Pise? reprit l'inconnu; cela est bien. Quand j'étais jeune, écolier, elle me racontait aussi là-bas les merveilles de sa montagne; et, sans elle, ce n'est pas ainsi que je viendrais visiter ce peuple d'hommes libres sur sa roche escarpée.

— L'aigle place son aire sur les points les plus près du ciel.

— Oui; ce mont domine toute la Romagne.

— L'habitant n'a qu'à laisser tomber un regard pour en apercevoir les plus grandes cités, ajouta le jeune homme en relevant la tête avec orgueil.

— Ce doit être un beau coup d'œil, en

effet. Mais, mon bel ami, dit l'hôte en répé-
tant avec un peu d'ironie les paroles du jeune
citoyen, ne me procureras-tu pas le plaisir
de laisser tomber un regard sur la Romagne?
c'est de toi que je réclame ici les soins d'un
guide hospitalier.

— Bien volontiers, citoyen de Pise. Nous
n'avons pas de palais à montrer; mais ce qui
nous rend fiers ne tente pas la cupidité des
princes.

— Je suis charmé de t'entendre parler de
la sorte. J'aime, Agosto, j'aime ce noble orgueil qui te fait si hardiment lever la tête. Ne
voudrais-tu pas parcourir le pays dont chaque jour tes yeux contemplent l'étendue? Ne
voudrais-tu pas approcher un peu de la cour
des princes? Le nom de Rome ou de Ferrare
ne fait-il pas battre ton cœur? Le vêtement
d'or et de soie du page ou l'armure du guerrier n'auraient-ils pas quelques attraits pour
ta jeune ambition?

— Je te pardonne ce langage, répondit
Agosto, tu ne connais pas encore notre bonheur.

— Viens donc, je suis impatient de tout voir.

— Voir! c'est peu, il faut entendre.

Ils sortirent ensemble.

Dès qu'ils eurent passé le seuil de la porte, Marina jeta un cri de désespoir; quelques larmes roulaient dans ses yeux, mais un mouvement convulsif semblait les retenir sous ses paupières. Elle se tordait les bras : toujours devant la place où l'étranger s'était assis, elle dévorait d'amères pensées; elle proférait des mots sans suite, avec impétuosité ou lenteur, selon qu'elle était plus ou moins agitée par ses souvenirs et par les élancemens de la douleur.

— A moi, pas une parole! disait-elle, pas un sourire de consolation! — Un si long espoir détruit en un moment! Punition sévère.... juste! — Et, pour prix de tant de dévouement, il veut l'arracher à ma tendresse; il veut.... Que Dieu me soit en aide! Le repentir devait se faire attendre long-temps, je le sens pénétrer dans mon cœur qu'il déchire.... Non, non, pourquoi trembler? Il n'y consentira pas, il

ne quittera pas sa patrie, il ne descendra pas
dans la plaine.... Et lui! lui, que j'attendais
depuis quinze ans! Est-ce ainsi qu'il tient ses
promesses! O Pise! fatal voyage!.... Tout est
trompeur loin de la montagne..... Il ne faut pas
qu'il la quitte..... Que deviendrais-je sans lui,
maintenant que je n'ai plus d'espérance pour
soutenir ma vie.... Quoi! pas un mot! rien
qu'un regard dédaigneux! et je tremblais en
sa présence!.... Mon Dieu! mon Dieu! et toi,
sainte protectrice à qui j'ai dévoué mon âme,
donne-moi du courage.

Elle s'assit, appuya avec violence ses mains
fermées sur ses genoux, fixa un regard sombre sur la porte, et demeura long-temps
plongée dans cet état.

III.

Au moment où l'hôte de Marina et son
conducteur arrivaient sur la grande place, un
citoyen aux cheveux blancs, à la démarche
assurée, guidait aussi de son côté un homme
également enveloppé d'un manteau. Ce dernier, jeune encore, était d'une taille ordinaire ; son teint avait une couleur olivâtre, et
sa physionomie vive annonçait la supériorité
de son esprit ; mais quelque chose de triste et
de réfléchi semblait y combattre momentanément la gaîté naturelle. C'était Nicolas Machiavel, citoyen de Florence, qui, par la suite,
devint si célèbre, et dont le génie, apprécié
ou méconnu, devait donner tant de leçons
aux peuples ou aux rois ! Quoiqu'il eût déjà
préparé ses immortels travaux, son nom

n'intimidait pas encore la vertu. Cependant,
par un sentiment secret d'importance et de
vanité inhérent aux écrivains, ou peut-être
pour des motifs secrets, il avait résolu de cacher ce nom, qui, dans San-Marino, pouvait
être prononcé sans crainte d'éveiller un souvenir, et, avant de gravir la montagne, il
avait laissé à Rimini quelques personnes qui
l'accompagnaient.

Dans leur rencontre, les deux concitoyens
se saluèrent, avec respect de la part du jeune
homme, avec bonté de la part du vieillard.
Les deux étrangers se regardèrent d'un air de
défiance.

Beaucoup de citoyens se trouvaient réunis
sur la place. Du côté de l'église, quelques
faisceaux de lances grossières étaient gardés
par un homme armé d'un mousquet; une
couleuvrine était abritée sous des branches
de pins.

— Voilà ce que la rigueur des temps et la
méchanceté des hommes nous obligent à garder soigneusement, dit le vieillard en s'adressant aux étrangers. Notre allié le plus fidèle,

le seigneur d'Urbin, nous envoya cette arme
dont le bruit nous serait encore inconnu si
les jeunes gens du pays n'eussent demandé
comme une faveur de l'entendre : un seul osa
y mettre le feu, c'est ce brave jeune homme.

Agosto fit un geste affirmatif; son compagnon lui frappa sur l'épaule d'un air satisfait.

La place était formée par un rang de maisons presque toutes uniformes : la plus apparente était celle du gouvernement; mais la
porte en était constamment fermée. Les affaires de l'État se traitaient là, sous le soleil,
en présence de tous, et le son de la cloche con-
voquait les citoyens et les serviteurs de Dieu.
Les archives étaient déposées dans le sanctuaire de la paroisse; les magistrats rendaient
la justice sur le parvis sacré, mais les procès
étaient rares : chacun, occupé de ses travaux,
s'endormait dans la pensée d'un avenir tranquille, et n'avait, pendant long-temps, souhaité qu'un lendemain qui ressemblât à la
veille.

Ces détails étaient donnés par le vieillard

avec une simplicité rustique qui semblait y
donner plus de prix; mais il fit remarquer
aux hôtes la foule qui se pressait autour
d'eux et les examinait avec méfiance, car le
patriotisme leur faisait regarder comme un
ennemi secret quiconque n'était pas né sur le
Titan.

— Aujourd'hui, continua le vénérable citoyen en poussant un profond soupir, le vent
de la discorde souffle sur la montagne; des
divisions entre les membres de la grande
famille compromettent la vieille république
et le bonheur de ce pays.

Les étrangers témoignèrent leur surprise.

— Et pourtant que peut-on désirer de plus
beau, de plus rare que l'existence paisible de
cette république? répondit Machiavel; vous
avez trouvé la solution d'un problème que tant
de nations cherchent inutilement, une indépendance que la guerre et l'ambition ne troublèrent jamais. Ah! conservez dans leur pureté primitive vos institutions simples, mais
fortes. Toutes les villes d'Italie sur lesquelles
la Providence avait jeté une étincelle du feu

sacré qui brûle ici comme un phare, après
être sorties jadis de l'engourdissement de l'esclavage, y sont retombées dans l'épuisement
de leurs agitations.

Ces paroles prononcées avec une noble
franchise circulèrent de bouche en bouche :
les vieux partisans des usages du passé s'ap-
prochèrent alors avec respect de celui qui les
avait dites, et leur air défiant fit place à un
accueil plus riant. Mais l'hôte de Marina gardait le silence. Une joie singulière avait scin-
tillé dans ses yeux quand on avait parlé des
querelles intestines ; et, trop prudent pour
contredire une opinion qui semblait dominer
en ce lieu, il se bornait à examiner avec calme tout ce qui frappait ses sens. Parfois il
questionnait Agosto sur des circonstances assez
indifférentes; mais son air, le son de sa voix,
son maintien, tout trahissait en lui quelque
chose de mystérieux. Les discours de son
jeune conducteur paraissaient seuls dignes de
son attention. Cependant, quand il vit prodi-
guer à Machiavel les marques du respect, il
chercha visiblement à le flatter, quoique avec

adresse et circonspection : on aurait pu croire
qu'il voulait se ménager en lui un protecteur
pour l'occasion, si des observations instinc-
tives n'eussent pas détruit cette idée sans qu'on
s'en rendît compte. Sans doute le citoyen de
Florence, guidé par un tact sûr, n'eût pas
manqué de concevoir sur ce personnage extraordinaire des soupçons , et peut-être des
craintes, mais il était tout entier aux bons
montagnards, à leurs récits, à leur situation.
D'ailleurs l'homme au poignard s'observait
davantage depuis que Machiavel lui fournissait les moyens de connaître avec quel homme
le hasard le mettait en rapport ; il voyait
avec un secret contentement que la curiosité
se trouvait concentrée sur un compagnon
dont le caractère lui valait à lui-même quelques égards secondaires; et tandis que la
sympathie républicaine se manifestait entre le
Florentin et les vieillards du Titan, par de
grands discours et de longues phrases, s'a-
dressant à son jeune conducteur, il lui dit
d'un ton bref :

— Mon bel ami, es-tu donc le seul de ton

âge sur la montagne? je ne vois ici que des fronts chauves et des barbes blanches.

— Chut! répondit Agosto à voix basse, ne trouble pas le bonheur de nos pères : ils oublient pour un moment la désunion qui règne entre les citoyens.

— Ainsi donc la portion la plus mâle de la population, continua le citoyen de Pise, celle pour qui doit éclore un long avenir, supporte avec impatience l'existence monotone qui rappelle cette enfance du monde que les poëtes ont nommée l'âge d'or. Je t'en fais juge, mon bel ami; l'homme mûr n'a-t-il pas d'autres besoins que ceux du bambin dans ses langes? Les nations vieillissent comme les individus. Est-ce un hochet ou une épée qui charment ta vue?

— Je crois que j'aurais du plaisir à brandir une lance, répondit Agosto enchanté, et la cuirasse siérait bien à ma taille; mais je n'achèterais point le droit d'être un guerrier au prix de ma liberté.

— Il n'y a pas de vie plus glorieuse que celle de soldat.

— Il n'y en a pas de plus pure que de vivre citoyen de San-Marino.

L'étranger ne répliqua pas ; il sourit de ce ton résolu, et le vieillard confia au jeune homme le soin de conduire les hôtes au mont de la *Guaita*.

La *Guaita* signifie le guet ou la guérite ; c'est le point le plus élevé de cette montagne déjà si élevée, que des nuages cachent presque constamment aux yeux les précipices formés par d'immenses morceaux de roche détachés de la roche-mère. De ce côté, elle présente de loin l'image d'une tour gigantesque construite perpendiculairement par la main des hommes ; mais, à l'opposé, une pente douce et verdoyante, parée de festons de vigne et de jardins fleuris fait gaîment descendre la vue jusqu'à cette chaussée célèbre, baignée par la mer Adriatique, et nommée dans l'antiquité *voie Flaminienne*. Les modernes l'appellent Marche d'Ancône : c'est là, et non loin de la ville de Rimini, que commence la seule route qui conduise à la république de San-Marino.

3.

Tout en cheminant vers la crête du mont,
Agosto faisait remarquer des lieux auxquels
la tradition attache une pieuse et paisible importance ; mais, pour des étrangers habitués
aux secousses d'une époque agitée et bercés
aux récits d'un passé plus terrible encore, ces
traces historiques ne présentaient pas d'intérêt : ici le saint fondateur venait assister au
coucher du soleil et prêcher à ses disciples la
parole de ceux qui avaient vu le Sauveur ; là,
dans des temps plus rapprochés, le fameux
comte Guido, vaincu par la fortune, avait brisé
son épée, et reconnaissant le néant de la
puissance terrestre, il s'était préparé à finir
ses jours dans un monastère ; plus loin l'évêque Benvenuto, oubliant le sacré caractère
dont il était revêtu, avait blasphémé la loi du
Christ ; puis d'autres faits, racontés par le
jeune homme avec le ton naïf de la conviction la plus sincère, mais écoutés par ses
compagnons de l'air distrait de gens qui s'ob-
servent et s'étudient. Plus loin encore, avant
d'arriver au sommet, Agosto s'arrêta à l'endroit que nous avons indiqué comme le lieu

des rassemblements de la jeunesse : la foule y était plus nombreuse que sur la grande place, et le tumulte cessa dès qu'on aperçut les étrangers. Agosto continua de parler :

— Ici, dit-il, en montrant les sombres poteaux, Giacomo Pelizzaro, qui vendit la patrie à l'évêque, expia jadis son crime, et nos pères y ont vu mourir messer Della Ripa Transone, faussaire et citoyen déloyal.

Puis, hâtant le pas, il allait poursuivre sa marche ; mais les hôtes arrêtèrent leurs regards sur cette place, page lugubre de l'histoire du pays, et tandis que Machiavel cherchait à s'expliquer pourquoi on l'avait choisie de préférence à tant d'autres pour un lieu de rassemblement, l'inconnu, entr'ouvrant son manteau, s'offrit à la foule curieuse avec une affectation marquée : son maintien eut tout à coup quelque chose d'imposant et de courtois. Un érudit, en le voyant ainsi, n'eût pas manqué de le comparer à Romulus, donnant le signal de l'enlèvement des Sabines.

— La belle jeunesse ! s'écria-t-il d'une voix forte ; je gagerais ma tête qu'elle recèle, sans s'en douter, de grands capitaines, des artistes de génie et d'habiles artisans.

Il parlait encore quand un de ceux qui paraissaient avoir sur l'assemblée une grande influence, examinant avec attention ses vêtements et surtout la forme de son poignard, lui sourit d'un air d'intelligence, et lui dit au nom de tous :

— Noble étranger, sois le bienvenu sur la montagne. Tu appartiens, je le vois, à ces grandes cités que des ressources qui nous sont inconnues placent au rang des nations. Mais sache que nous n'attendons qu'un moment favorable pour sortir du cercle dans lequel nos devanciers ont vécu, et qui désormais est devenu trop étroit pour leur race agrandie. Nous brûlons du désir de montrer à notre tour à l'Italie ce que peuvent les fils de nos pères.

— Bien, bien, jeunes gens, répondit l'inconnu (la protection et la supériorité se faisaient sentir dans ses paroles); votre existence est ignorée de vos propres voisins, et c'est une louable ambition que de vouloir prendre un rang parmi les peuples. Mais quel moment

plus favorable voulez-vous attendre ? Chaque
portion du vaste pays qui se déroule à vos
yeux tend à revêtir une forme nouvelle ; imi-
tez ce grand exemple, vous trouverez des seigneurs puissants pour vous aider dans cette
noble entreprise. La nature de votre climat
vous porte à l'intrépidité...

— Mais elle vous fait regarder aussi la liberté comme le premier des biens, s'écria
Machiavel, interrompant l'inconnu, et ne modérant plus la sainte colère qui grandissait
toute sa personne. Et qui vous garantit la con-
servation de cette indépendance qui rendit
vos pères si long-temps heureux, quand, pour
satisfaire une vanité impie, vous allez au-
devant du joug que les puissants ne tarderont
pas à faire peser sur ce mont libre , et toujours libre alors que le reste du monde lan-
guissait esclave? Jeunes citoyens ! vous n'avez
pas le droit de compromettre l'héritage de
tant de siècles, et, j'en suis sur, vous lèguerez
sans tache à vos successeurs l'indépendance
qui vous fut transmise sans tache. Allez rejoindre vos vieillards , vos sages , prosternez-vous

devant eux sur cette place où la loi flétrit le
coupable ; quittez ce lieu où l'on expie les crimes, comme ces crânes humains vous le rap-
pellent. La mort plane ici sur vos têtes, non pas
celle qui donne la gloire, voile brillant dont se
couvre la tyrannie, mais celle qui châtie par
l'exécration des âges.

Un murmure imposant suivit cette allocu-
tion hardie, la foule s'agita comme la mer
soulevée par la tempête, et dans le doute où
les étrangers se trouvèrent sur le caractère
du tumulte, ils continuèrent leur marche
vers la Guaita.

Agosto, enthousiasmé, pressa la main du
Florentin ; il trouvait à remplir son devoir de
guide un sentiment de fierté, et cependant sa
pensée revenait souvent auprès de ses jeunes
compatriotes. L'éloquence de Machiavel charmait son esprit, mais un instinct secret d'a-
vancement et d'avenir se révélait à ses sens.

La Guaita est une espèce de bastion naturel. Lorsque les querelles intestines qui ra-
vagèrent l'Italie vinrent obliger les habitants
de San-Marino à se mettre en garde contre

l'ambition insatiable des barons, le faîte de ce
mont prit l'aspect et le nom d'une forteresse
(*Castrum*, *Castellum*). Dans la seconde moitié
du dixième siècle, Béranger, roi des Lombards,
fuyant les armes victorieuses de l'empereur
Othon, vint y chercher un refuge pour lui
et les siens. Jamais l'hospitalité n'était refusée
dans cet État de chrétiens. Alors, et sous les
yeux d'un roi malheureux, on combina un
système de défense; on tailla le roc; la truelle
du saint maçon qui avait fondé cette société servit à la préserver. La pieuse pensée de Mari-
nus se transmit de siècle en siècle; la liberté
paisible eut un asile sur la terre.

Les compagnons d'Agosto, arrivés sur le
sommet de la Guaita, furent reçus par les citoyens auxquels la garde en est confiée. De
même que tout habitant a le droit d'être élu
capitaine ou chef de l'État, chacun aussi doit
veiller à la sûreté de tous. Ce service de
courte durée était regardé comme un plaisir,
et souvent la famille de celui qui y était appelé l'accompagnait sur ce pic. Une jeune fille
y chantait en filant; la présence des étrangers

ne l'intimida pas, mais elle garda le silence.
L'impression que les hôtes reçurent quand ils
portèrent leurs yeux autour d'eux, quand
l'idée qu'ils se trouvaient au-dessus de tout
dans cette immense contrée se fut présentée à
leur esprit, se manifesta tout à coup, mais
d'une manière différente. L'homme au poignard releva majestueusement sa tête; ses regards brillèrent d'un éclat plus vif; quant à
Machiavel, il s'inclina tristement, mais avec
une admiration solennelle.

— On respire ici librement, dit ce dernier
en rompant le silence, et sans doute en écoutant quelque pensée intime; nulle sombre
muraille n'offusque les yeux.

— Votre seigneurie est de Florence, il n'en
faut pas douter? demanda l'hôte de Marina
du ton poli d'un habitant des grandes villes.

— N'y a-t-il donc de cachots qu'où les Médicis ont signalé leur puissance? répondit Machiavel.

— Non, par la clef de saint Pierre qui les
ouvre tous, répliqua l'inconnu; mais c'est près
de leur comptoir, transformé en palais, que

le son guttural gâte la langue de Boccace et
de Pétrarque.

— Votre seigneurie a l'oreille délicate, dit
le Florentin avec un léger mouvement de
hauteur.

— Holà ! seigneurs, dit Agosto d'un ton
railleur, le vent s'élève ; je crois prudent de
prévenir vos seigneuries qu'elles courent
grand risque d'être enlevées comme de légères plumes si elles écartent ainsi leurs man-
teaux.

— Profitons du conseil, répondit l'hôte de
Marina. Grand merci, mon bel ami ! il est des
cas où l'on regrette de n'avoir pas une bonne
muraille pour abri.

— Oui, repartit Machiavel, quand le ciel
courroucé envoie les grandes calamités et
déchaîne les fléaux ; quand le danger devient
commun, c'est alors que le puissant et le
faible sont égaux.

— Agosto ! s'écria aussitôt d'une voix forte
et impérieuse l'homme au poignard, quelle
est cette ville que j'aperçois à notre droite
comme un point blanc?

— C'est Ancône, répondit le jeune homme;
de ce côté c'est Ravenne; ici, Faenza; là, Forli.

— Forli! répéta le Florentin avec enthousiasme; Forli, où vient de s'illustrer à jamais
Catherine Sforza, l'honneur de son sexe et la
honte du nôtre!

— Qu'a-t-elle donc fait? demanda vivement
le naïf habitant de la montagne. Un beau trait
nous agite doucement le cœur : holà! citoyens,
venez prier cet étranger de nous dire une
histoire.

— Une histoire! s'écrièrent tous ceux qui
se trouvaient à la Guaita.

Et la jeune fille qui filait se mit au premier
rang pour bien entendre. Agosto poursuivit :

— Parle, parle, bon étranger : les nouvelles
n'arrivent pas vite sur notre montagne; les
crimes des Malatesta sont connus de l'Italie
entière, et nous en ignorons les détails, nous
qui pouvons voir d'ici le toit de leurs palais
et l'enceinte de Rimini. Parle, étranger; tes
paroles feront le charme de nos soirées. L'accent de Florence peut déplaire à l'habitant de
Pise, car il est naturel de ne pas aimer la voix

de celui qui veut nous dicter des lois.... mais,
Dieu soit loué! nous pouvons ici entendre tous
les idiomes, même le latin de monseigneur.

— Un habitant de Pise! répéta Machiavel
d'un air surpris.

— Je le suis, répondit avec hauteur l'inconnu, en portant la main sur son poignard;
l'Arno ne nous amène que des eaux troubles.

— A ces mots je reconnais le Pisan, dit le
citoyen de Florence : celui qui traîne ses jours
loin de Pise asservie pressera sans crainte la
main d'un ami des Soderini.

— La voix de celui qui hait les Médicis,
répliqua l'hôte de Marina, de celui qui a cons-
piré contre leur puissance, est plus douce à
mon oreille que les spirituelles hyperboles de
Boccace et les antithèses brillantes de Pétrarque. Voilà ma main.

Les deux étrangers se témoignèrent leurs
sentiments avec une dignité amicale, mais ré-
servée.

— Que fit donc Catherine Sforza, demanda
de nouveau Agosto, et quels sont ces Soderini

dont un citoyen de Florence est si fier de se
dire l'ami ?

— A l'âge heureux où les jeux donnent tant
de bonheur, répondit Machiavel, si tu n'étais
né sur cette montagne, je serais étonné de te
voir attacher tant d'importance à de graves
récits ; et le feu qui brille dans tes regards
m'apprendrait quelle est la force des institutions, si l'expérience ne m'en avait instruit à
sa grande école. Les Soderini, dont tu viens
d'entendre le nom sans doute pour la première fois, sont de ceux qu'on cherche à flétrir du nom de conspirateurs.

— Pardonne, étranger, je ne comprends ni
le sens ni la valeur de ce mot. Les conspirateurs forment-ils donc une classe à part dans
un grand peuple ?

— Toujours, et c'est la plus nombreuse
quand le peuple méconnaît ses devoirs : quelques-uns conspirent contre la patrie, ce sont
les princes ; les autres conspirent contre ceux-
ci quand ils oppriment. L'ambition d'un seul
contre tous, ou la haine de tous contre un seul,
voilà les mobiles puissans des conspirations.

— Je te remercie, ajouta le jeune homme :
sans toi, j'aurais toujours ignoré ce que tu
viens de nous apprendre. Les Soderini étaient
donc des princes qui n'ont pas réussi dans
leurs projets contre Florence, puisque toi,
leur partisan, tu erres loin des rives de
l'Arno ?

— Non! non! s'écria Machiavel, mais de
ces citoyens vertueux qui comprennent et
sentent plus vivement que les autres les maux
de tout un peuple.

— Et qui crient contre les oppresseurs
parce qu'ils n'ont pas le pouvoir de l'être,
répliqua Agosto.

Les habitans de la montagne se mirent à
rire. Le fils adoptif de la patrie était généralement aimé; on estimait son caractère franc
et mâle; mais son esprit un peu malin lui
valait peut-être sa popularité. Cependant quelque chose de mélancolique et de sombre l'emportait souvent sur ses dispositions enjouées,
si douces dans la jeunesse! Agosto ne se li-
vrait jamais à l'humeur légère de son âge,
qu'une voix intérieure ne lui rappelât aussitôt

sa naissance, et de ce choc continuel jaillissaient souvent des étincelles de génie.

Durant le colloque qui venait d'avoir lieu entre l'enfant presque sauvage et le citoyen d'une ville qui jetait ses clartés sur l'Europe entière, un observateur accoutumé à lire ce qui se passe au fond des consciences eût formé de singulières conjectures en examinant l'étranger au poignard. Ce n'était que par une légère contraction du visage qu'il trahissait ses secrètes pensées ; mais, quelque effort qu'il tentât pour paralyser l'expression énergique de sa physionomie, l'habitude avait tellement caractérisé ses muscles, que les moindres mouvements de son âme y imprimaient une trace profonde, mais rapide et difficile à saisir. Un coup d'œil tout brillant de joie sembla remercier Agosto de sa malicieuse observation ; le sourire et le regard dont il avait accompagné ce trait annonçaient une finesse d'esprit peu ordinaire. Mais Machiavel paraissant indigné de la supposition, le Pisan se rapprocha de lui pour le féliciter d'avoir des sentiments si nobles ; car, bien qu'il

approuvât Agosto, il était possible de distinguer sur son visage le mépris dont il payait
lui-même son épigramme inoffensive. Il y a
des âmes où les sentiments les plus contraires
s'accordent, parce qu'ils sont toujours subor-
donnés aux grands intérêts qui les mettent en
mouvement.

Le silence le plus profond succéda bientôt,
et le futur historien de Florence prit la parole. .Il rappela le temps où des hommes
aventureux, quittant la charrue pour l'armure,
devenaient, sous le nom de condottieri, les
arbitres de l'Italie, et se plaçaient sur les
trônes qu'ils avaient défendus; il présenta la
péninsule ravagée par les rois de France
Charles VIII et Louis XII; et César Borgia
dépouillant la pourpre romaine pour apparaître, sous le nom de Valentinois, à la
tête d'une armée, semant l'effroi, prenant
des villes, mais arrêté tout à coup devant
Forli par Catherine Sforza, quand la plupart des seigneurs de la Romagne fuyaient
lâchement à l'approche du conquérant; il

exalta la valeur héroïque de cette femme,
tombée prisonnière entre les mains du baron
d'Allègre, mais réclamée par Borgia comme
une proie, et disparaissant à tous les regards.

— Hélas! dit-il en terminant, l'Italie la
cherche et la pleure, l'Italie qui sent si vivement les hauts faits, mais qui reste impuis-
sante à les imiter. L'histoire conservera le
souvenir de la comtesse de Forli; la renommée n'est point ingrate, elle flétrit la tyrannie. Valentinois peut vaincre, opprimer; sa
mémoire sera maudite....

—*Amen*, ami de Florence, dit aussitôt
l'homme au poignard. Je vous remercie, pour
mon compte, de votre narration, malgré les
contradictions qui s'y trouvent. Vous faites
de Borgia un grand génie, par saint Michel!
un habile homme en politique. Plus la comtesse était redoutable, plus il devenait important de s'en défaire.

Les habitants de San-Marino gardaient le
silence; ils semblaient réfléchir sur le sort
réservé au faible ici-bas, et Machiavel allait

les rassurer, lorsqu'on aperçut un groupe de cavaliers dont la brillante armure reflétait les rayons du soleil. L'homme de garde à la Guaita les signala en arborant une bannière, et bientôt le son d'une cloche se fit entendre.

IV.

.

Quelque vertueuse que soit une agrégation d'hommes, il s'en trouve toujours parmi eux qui marchent d'un pas moins ferme dans la route tracée pour tous. Les attentats contre la patrie avaient été des crimes fort rares à San-Marino ; cependant la corruption, habilement dirigée par les agents de Borgia, avait trouvé moins de résistance qu'on aurait pu s'y attendre : l'or avait acheté quelques âmes vénales, mais les promesses seules avaient entraîné la foule, et ces promesses séduisantes, d'accord avec l'esprit instinctif de l'avenir, devaient réaliser des vœux secrets formés par l'esprit national dans une vue de bien-être. C'était le maître de ces instigateurs rusés que les jeunes citoyens attendaient sans le

savoir. Son nom n'avait pas été prononcé
d'abord : le Messie politique et progresseur,
disait-on, devait apparaître à la tête d'une
armée triomphante; il devait réunir le pouvoir moral au pouvoir physique, la force du
glaive à la puissance spirituelle; et, plus tard,
quelques initiés annoncèrent comme une con-
jecture, d'après la nouvelle des événements
récents, parvenue sur la montagne d'une manière mystérieuse, qu'il se pourrait que le fils
d'Alexandre VI fût le nouvel organisateur du
Titan. Ne triomphait-il pas par les armes pour
la cause du pontife ? Le nom de Valentinois
semblait contenir des merveilles sans fin.
Quelques citoyens prétendaient aussi avoir
des révélations, des avertissements du ciel :
un homme leur apparaissait la nuit, au milieu
d'une auréole, comme la lumière qui devait
éclairer l'avenir. Ces récits passaient de bouche en bouche, exagérés par chacun; mais
personne n'omettait, comme une chose importante, que le génie de ces apparitions avait
à sa ceinture un poignard. Cette arme avait
donc rendu l'hôte de Marina l'objet de la cu-

riosité des jeunes novateurs; les paroles qu'il
leur avait adressées se trouvaient trop d'accord avec leurs espérances pour qu'ils ne se
crussent pas subitement arrivés au moment
de la transformation sociale prédite depuis
quelque temps. Mais le discours de Machiavel
ne s'était pas seulement adressé aux chefs de
la faction, aux principaux initiés dans les
mystères de la prophétie; il avait réveillé dans
la foule un sens d'habitude, qui dort seulement chez les hommes satisfaits, à la rigueur,
de leur position présente, et cette circonstance
annonçait aux meneurs plus d'incertitude et
de dangers qu'ils n'en avaient prévu : la paisible existence du passé n'était pas une vaine
promesse.

La population de San-Marino se trouvait
en mouvement lorsque Agosto et les hôtes des-
cendirent de la Guaita : un exprès avait annoncé
l'arrivée d'une ambassade du duc d'Urbin ;
cette nouvelle s'était promptement répandue,
et, au premier signal, les habitants empressés
accouraient, jeunes et vieux, sans distinction
de bannière, pour manifester aux envoyés de

leur fidèle allié un juste tribut d'amour et de reconnaissance. On oubliait les divisions, on se réunissait dans la pensée de sécurité qu'une longue amitié entretenait avec la famille de Montefeltre, et un événement si rare sur la montagne semblait être un secours pour les institutions de San-Marino. La fièvre se calma dans les veines de la jeunesse. L'effet que la solennité de cette réception venait de produire aurait dû prouver aux hommes réfléchis que les masses ont leurs époques climatériques; qu'il faut les diriger par les sens; qu'il faut imposer à leur imagination par la puissance morale d'un culte extérieur, dans un intérêt politique, de même que dans celui de la religion.

Depuis la porte de la ville jusqu'à la grande place où les magistrats attendaient les envoyés du duc, les citoyens empressés s'étaient rangés en haies; les visages animés de la joie la plus franche formaient tout l'appareil de cette espèce de fête : point de luxe, mais des sentiments sincères; point d'éloquence ambitieuse, mais une parole sur laquelle on pou-

vait compter : voilà ce qui paraissait à Machiavel une pompe préférable à celle que les
États de la péninsule italique étalaient avec
ostentation, peut-être pour masquer aux regards les traces de leurs convulsions inté-
rieures. Il pensait que le peuple, ébloui par
la magnificence de ses maîtres, oublie et ca-
resse son esclavage. — A San-Marino, disait-
il, rien de somptueux qu'une liberté sans trouble, qu'une égalité imposée par le travail, loi
fondamentale, gage d'un bonheur inaltérable.

Et ses discours semblaient être écoutés par
le citoyen de Pise, de cet air qui ouvre le
cœur et attire tous les secrets.

Confondus avec la foule, les deux hôtes
observaient sans être observés. Il était facile
de lire dans l'expression de leur physionomie
ce qui se passait en eux. Machiavel, au com-
ble de l'enthousiasme, se trouvait là, poussé
par les flots du peuple, dans une sphère de
son choix, et son sang circulait librement dans
l'artère publique : habitué aux scènes tumul-
tueuses de Florence, il respirait sur la montagne l'air de l'indépendance, sans qu'une

pensée de crainte troublât les battements réguliers de son cœur. Le spectacle d'une population assemblée sur la place publique pour
exercer collectivement les droits individuels
lui rappelait le forum romain, et son œil enflammé cherchait la tribune aux harangues.
Il retrouvait sur ce nouveau Palatin l'image
du peuple-roi aux temps de sa vertu; cependant la présence du clergé, dont les habits
sacerdotaux brillaient d'un vif éclat, offus-
quait ses regards dans ce qu'il appelait les
affaires politiques : livrée à la critique des
formes du culte, son âme ne sentait pas la
grande idée que ces prêtres représentaient;
cette idée-Dieu, unitaire, triomphante, principe éternel, ne touchait pas un esprit profond seulement pour l'œuvre de destruction.
Occupé de combattre le présent avec les souvenirs du passé, Machiavel ne trouvait pas
dans ses chimères la puissance de cette idée
qui seule dirige les peuples, qui surnage dans
le sang, qui plane au-dessus des ruines, qui
est toujours l'avenir de l'humanité.

Les mêmes commotions ne produisaient pas
les mêmes effets sur le citoyen de Pise. Libre
de toute contrainte au sein de la foule, il laissait voir sur son visage morne une inquiétude
secrète; animé d'un principe opposé à celui
que représentait le Florentin, il envisageait
sous un autre point de vue cette population
laissée à ses propres passions; il ne voyait pas
de trône où une seule volonté devait se faire
entendre pour lier en faisceau les volontés
flottantes, pour commander en vertu d'une
raison supérieure. Les ministres du Seigneur
ne lui paraissaient, avec leur pompe insuffi-
sante, que des agneaux dociles, suivant, sans
vouloir s'en écarter, le sentier profond de
l'habitude, pratiquant des vertus sans forces,
quand le caractère sacré dont ils étaient revêtus devait les rendre les organes actifs d'une
puissance à laquelle tout est subordonné,
quand à eux seuls appartenait l'initiative des
moindres volontés de ce peuple.... Mais il fut
interrompu dans sa méditation.

Le citoyen qui, dans le rassemblement des

jeunes gens, avait paru lui sourire d'un air
d'intelligence, s'approcha de lui, s'empara de
sa main, et lui dit à voix basse :

— Tout va bien : tu vois, ami, que nous
tenons nos promesses; tiendras-tu les tiennes?

L'hôte de Marina tressaillit; mais prompt à
calmer ses émotions, il fixa sur celui qui
l'abordait ainsi un œil indifférent : une prudente circonspection se peignit dans son maintien; il répondit d'un air froid, mais à voix
haute :

— Que signifie ce langage, beau citoyen
du Titan? tu te trompes, sans doute.

— Tu portes là un beau poignard, répliqua le San-Marinois sans se déconcerter.

— Oui, c'est une arme devenue dans nos
cités la parure la plus nécessaire, ajouta avec
flegme le Pisan; demande plutôt à ce noble
habitant de Florence : il est quelquefois plus
prudent de sortir sans manteau que sans poignard.

Machiavel fit un signe affirmatif, et la bannière de Montefeltre venant à paraître, les
transports unanimes par lesquels elle fut

saluée terminèrent cette conversation singulière. Les envoyés de Guidobaldo, duc d'Urbin, parvinrent auprès des capitaines, et le silence le plus profond protégea leur conférence, qui dura plus d'une heure. Ensuite un des magistrats éleva la voix, et apprit au peuple que des traverses sans nombre avaient retardé l'arrivée de cette ambassade, tombée au pouvoir des troupes errantes sur toutes les routes de la Romagne; elle avait attendu qu'un chef de l'armée de Valentinois vînt lui permettre de continuer son chemin. Cette légation avait pour but de faire comprendre aux San-Marinois la nécessité de garder une attitude fière, de conserver, de concert avec le duc Guidobaldo, une neutralité armée, bien que César Borgia eût manifesté pour Urbin et San-Marino des sentiments d'estime, d'amitié et de bienveillance, et se bornât à réclamer quelques subsides nécessités par la guerre.

Un cri spontané interrompit l'orateur; le nom de Borgia fut accueilli par des acclamations qui étonnèrent les vieillards et les en-

voyés d'Urbin : les subsides furent aussitôt
accordés à l'unanimité des suffrages.

— Vous le voyez, citoyens, continua le
magistrat, notre attachement pour les saintes
lois de la patrie nous protége contre un
ennemi puissant : cependant, on vient de nous
l'apprendre, des villes riches et fortes sont
abandonnées par leurs seigneurs à la merci
du conquérant ; le petit-fils du noble duc
d'Urbin, François de La Rovère, préfet de
Rome, a quitté sa seigneurie de Sinigallia ;
Jean Sforza erre loin de Pésaro, et l'orgueil
des Malatesta ne fait plus trembler Rimini.
Les Romagnols subissent aujourd'hui de tristes
représailles, eux qui, dans tous les temps,
aventureux et turbulents, ont combattu sous
tant de bannières différentes ; eux que la voix
d'un Guelfe ou d'un Gibelin, ou du premier
condottiere, a si souvent fait quitter une demeure tranquille pour le tumulte des batailles ; sans force contre l'adversité, ils cour-
bent la tête devant un ennemi redoutable.
Citoyens, vous venez d'accorder les subsides
exigés par le duc de Valentinois, je vous en

félicite; l'or que nous amassons ne peut-être
utile à notre bonheur qu'en l'employant, dans
l'intérêt de notre indépendance, à rassasier
l'avidité des princes.

Un officier de Borgia, qui avait accompagné les envoyés, présenta ses lettres de
créance pour toucher la somme réclamée.

— Payons! payons! fut encore le cri général.

Deux pensées bien opposées se réunissaient
dans cette exclamation : l'avenir et le passé.
Mais tout à coup, perçant la foule, un homme
revêtu de l'habit des paysans de Montefeltre
se présenta aux envoyés d'Urbin et aux magistrats de San-Marino.... Cet homme était le
duc d'Urbin lui-même. La trahison la plus infâme lui ravissait ses États : sous prétexte de
mettre à exécution une sentence papale contre
le seigneur de Camerino, César Borgia s'était
présenté sur les frontières de Perugia à la tête
d'une petite armée; là, protestant de nouveau de sa bienveillance pour le duc d'Urbin,
il lui avait envoyé demander ce qu'il possédait d'armes et d'artillerie pour venger la

cause du saint-siége : Guidobaldo avait cédé à
cette injonction d'un ennemi redoutable, et
dès que celui-ci l'avait vu, sans moyen de défense, conduisant ses troupes à l'improviste
sur le territoire d'Urbin, il s'était d'abord
emparé de Cagli, l'une des villes importantes,
et tournant ses pas vers la résidence de Guidobaldo, le duc n'avait échappé au trépas
qu'on lui destinait qu'à la faveur de son déguisement.

Cette nouvelle excita dans l'assemblée l'in-
dignation la plus violente : le Florentin et son
compagnon pâlirent ; un frémissement de
rage les agita tous deux, mais il était facile
de distinguer que ce n'était pas le même sentiment qui le faisait naître. Le Pisan reprit
aussitôt le calme ordinaire de son maintien,
tandis que Machiavel, fixant un regard mélancolique sur le noble seigneur, semblait
regretter des espérances. Il souriait tristement
aux vêtements grossiers qui avaient protégé
l'homme puissant abandonné par la fortune;
cependant l'air noble du duc, son assurance.
l'expression mâle et courageuse de sa dou-

leur, annonçaient encore pour lui un avenir
et relevaient la pensée.

L'amour que Guidobaldo inspirait à ses sujets et à ses alliés faisait attacher à sa vie
tout le prix de la légitimité. Échappé aux coups
de Borgia, il devenait l'âme d'un parti, et
l'horreur naturelle que fait naître la trahison
devenait un renfort moral d'autant plus puissant que l'usurpation restait indécise. Les
Romagnols, d'ailleurs, ne devaient pas tarder
à sentir la honte d'un joug humiliant, et à se
liguer en faveur des victimes; Valentinois
était redouté; l'infortune des princes dépouillés, faisant oublier d'anciens torts, jetait sur
eux quelque chose de touchant qui renouait
le lien rompu : toutes ces idées, exposées par
Machiavel comme autant de probabilités,
donnaient au citoyen de Pise un air rêveur
que son front plissé indiquait fortement. Rien
de ce qui se passait là ne lui semblait indifférent : les hommes renommés par leur sagesse
s'assemblaient autour des magistrats pour délibérer sur les mesures à prendre dans de
telles circonstances ; et au sein de ce peuple,

gardant un silence solennel, semblable au
coupable qui attend la décision de ses juges,
l'homme au poignard paraissait tourmenté de
la simplicité, du calme, de la vertu formant
l'appareil de cette conférence politique, comme
si ses propres intérêts y eussent été mis en question. Enfin, une voix se fit entendre. Le peuple
fut d'avis que la gravité des circonstances exigeait qu'on demandât des secours aux villes libres de l'Italie. Quelques citoyens nommèrent
Florence; mais à ce nom, Machiavel, cédant à
l'impulsion naturelle de son âme, sortit des
rangs, et, avec une éloquence jusqu'alors in-
connue sur le Titan, il présenta le gouvernement de la république florentine comme quelquefois sourd à toute autre considération
qu'à celle d'une politique intéressée; il fit
entrevoir avec adresse que la seigneurie, alliée
de la France, et respirant à peine de l'influence des Médicis, cherchait peut-être à
s'attacher à la fortune de Valentinois. Son
discours fut vivement applaudi; mais le seul
qui dut sans doute en bien comprendre toute

la force logique garda le plus morne silence :
c'était le bizarre citoyen de Pise.

La seigneurie de Venise fut ensuite désignée
comme la plus indépendante, comme l'ennemie naturelle du conquérant de la Romagne.
Guidobaldo résolut d'aller lui-même y plaider
sa cause, et s'y entendre avec son petit-fils,
François de la Rovère. Cette résolution de
l'auguste vieillard fit naître ces émotions douces
qui, de la part des peuples, présagent de
grands sacrifices et des succès... Mais on s'a-
perçut alors que le mandataire de Borgia
avait disparu, et, quelque temps après, le
garde de la Guaita fit prévenir le conseil que des
troupes nombreuses se dispersaient au pied de
la montagne. La fuite devenait impossible.

— Impossible! dit Agosto au milieu de la
consternation générale ; il n'y a pour nous
qu'une seule chose impossible : c'est d'être
esclaves. Frères! s'écria-t-il, frères, suivez-
moi! Suivez-moi!

Et il s'éloigna suivi de tous ceux qui composaient le parti des novateurs.

V.

Quand Machiavel eut rejoint le citoyen de Pise, celui-ci, faisant un effort sur lui-même, le salua d'un air riant et pressa sa main dans les siennes.

— Florentin, mon bel ami, dit-il, j'ai ressenti beaucoup de joie à t'entendre parler de la sorte; il y a long-temps que j'avais sondé la profonde politique des Dix : si j'étais assez riche pour acheter la seigneurie, elle n'hésiterait pas à me vendre la république.

— Peut-être, répondit Machiavel; mais ta tête et la leur seraient les arrhes du marché.

— Allons, répliqua-t-il, je le vois bien : à Florence comme à Pise on se console de ses fers tant que la langue s'agite librement contre l'oppression.

5.

— Que veux-tu? C'est la protestation des faibles...

— Mais nous avons beau dire, le prince peut tout oser, car les faibles forment toujours la majorité, dit le Pisan avec gaîté.

— C'est un torrent dévastateur quand cette majorité connaît la voix qui la guide.

— Que faut-il donc pour soulever ces eaux stagnantes?

— Un premier succès.

— L'ami des Soderini a prononcé ces mots d'un ton bien triste.

— Cependant un premier revers n'a pas abattu mon courage.

— Noble citoyen, je comprends le sens de ces paroles... La cause d'un Florentin est aujourd'hui celle de tout Pisan dont le cœur est fier : pourquoi sommes-nous venus dans cette contrée où le guerrier le plus redoutable de l'Italie vient de planter sa bannière? Pourquoi sommes-nous sur cette roche?... Réponds franchement, nos mains se sont pressées avec affection; nous pouvons différer d'opinion sur quelques points peu importans, mais il n'y a plus de place en nous pour la défiance, parle : pour Florence comme pour Pise, Valentinois...

— Tu blasphèmes ! s'écria Machiavel : c'est un devoir de haïr les Médicis, et c'est un crime de compromettre le salut de la patrie ; aigle ou vautour, qu'importe, c'est toujours un oiseau de proie.

— Arrête, tu vas plus vite que ma pensée : que veut-on à Florence ainsi qu'à Pise ? Établir solidement un gouvernement de prédilection ; qui peut aider dans leur noble entreprise les citoyens animés de l'amour du bien public ? Un homme puissant ; que désire Borgia dans ce moment ? De l'argent. Et pour quelques subsides ne pourrions-nous pas...

— Non, non, citoyen de Pise, interrompit Machiavel ; il est toujours imprudent d'attirer chez soi des étrangers ; songe au sort de Ludovic-le-More (1). Tu viens de voir un che-

_____

(1) Ludovic Sforza, duc de Milan, appela Louis XII en Italie et se vit bientôt dépouillé par lui de ses États.

(Note de l'Éditeur.)

valier forcé de fuir ses sujets, de cacher son
rang sous des vêtements grossiers, et tu penses
encore au fils d'Alexandre VI ? Seigneur Pisan,
c'est peu de vouloir le bien, il faut le vouloir avec discernement. Borgia a porté la
longue robe rouge; la ruse du clerc est restée
sous le casque du guerrier, et la duplicité est
une cuirasse bien prise à sa taille. Il est trop
avide de couronne pour laisser échapper l'occasion de poser sur son front la ducale de
Florence, si l'occasion lui en était offerte, et
puis d'autres encore. Rappelle-toi sa devise :
aut Cæsar, aut nihil.

— Pardonne, tes réflexions sont justes.
L'imagination va grand train, mais l'amour de
la patrie éclaire...

— Quand il n'aveugle pas. Nous pouvons
parler sans crainte sur cette montagne, où
la liberté est dans l'ordre, comme l'égalité
dans le travail. Apprends que l'amour de la
patrie m'éloigne de Florence plus encore que
ma haine contre les Médicis. Les Médicis,
qu'ils règnent plutôt qu'un étranger. De deux
ennemis combattons d'abord le plus terrible.

Apprends, toi qui portes un poignard, que ce corps chétif a craqué entre les étaux de la torture sans que ma bouche criât merci ou révélât le nom du plus obscur citoyen. La plume du scribe tremble encore entre ces mains meurtries, et cependant c'est dans l'intérêt de ce peuple capricieux qui laisse périr ses plus fermes appuis que je viens en Romagne.

— Explique-toi, tu hais les Médicis?...

— Mais j'aime mon pays, et Valentinois y sème l'or, y corrompt, comme ici, les jeunes citoyens, y fomente des troubles.

— Fort bien, c'est contre lui que ton patriotisme se tourne en ce moment. Que viens-tu faire?

— Ce qu'on peut quand on est faible, isolé... Ne serait-il pas glorieux de raffermir le courage de tous les princes qui ont cessé de fléchir le genou devant le dépourpré?

— Au mieux! Faire cause commune avec les Ursins, les Savelli, les Vitelli, enfin tous ces nobles seigneurs qui se rassemblent en secret à Magione?... Qu'en dis-tu, citoyen de Florence? Et pourquoi me regardes-tu d'un

air surpris? Ton amour pour la patrie ne
te conduirait-il pas par hasard auprès des
confédérés, à moins que ce ne soit la seigneurie
qui t'y envoie? En fait du Borgia, il est prudent de savoir s'il est plus avantageux de le
perdre que de le ménager.

— Mais... Qu'en dis-tu, citoyen de Pise?

— Un mot pour mon pays, et je sers tes
projets.

— Je ne conseillerais jamais rien contre
lui. Quand une république s'étend par la conquête, elle perd bientôt sa liberté. Vois quelle
profonde sagesse il y a dans la pauvreté des
habitans de cette montagne.

— Crois-tu qu'ils n'en soient pas déjà fatigués?

— Tant que Rome resta petite elle fut vertueuse.

— Mais, destinée à diriger le monde, l'esprit humain lui doit ses progrès, son développement; pense à l'influence magique qu'elle
exerce encore.

— Aujourd'hui qu'elle domine de nouveau
par le crime.

— Prends garde à l'excommunication.

— On brave les foudres du Vatican sur le roc où l'on voit se former les orages.

— Essayons donc d'y retenir Guidobaldo.

— Pour qu'il demeure exposé aux ruses du renard. Non ?... Valentinois serait trop heureux d'avoir un prétexte pour planter sa bannière sur la Guaita. C'est à Venise que le duc d'Urbin servira la sainte cause de la liberté. L'amour de ses sujets et de ses alliés nous sera d'autant plus favorable que l'usurpation l'exilera loin de ses États. Le malheur inspire le dévouement.

— Tu vois de haut, citoyen de Florence, et je m'attache à ta fortune.

— J'ai contracté l'habitude de la réflexion, en vivant avec Aloisio Alamanni.

— Cela me dit assez que tu es poëte.

— J'ai griffonné quelques pages bouffonnes, mais on cesse de rire quand on a vu l'échafaud. L'Italie est la proie des étrangers ; Florence est peut-être à la veille de gémir sous le joug d'un Borgia, d'un Médicis... Le jeune homme a pu concevoir quelques contes

joyeux, quelques satires, mais l'homme mûr
n'a plus une pensée qui ne soit pour sa patrie.

— Ainsi l'un des membres de la *Société des
jardins* (1) abandonne les projets de conspiration qui s'y trament sans cesse contre les
Médicis, et c'est contre Borgia qu'il conspire
aujourd'hui.

— Qui t'a si bien instruit, citoyen de Pise ?
et comment sais-tu ce qui se passe aux jardins de Rucellai ?

— Celui que la grande pensée de délivrance anime ne doit-il pas savoir tout ce qui
se passe chez l'oppresseur ?

— Ces mots me suffisent ; Brutus et Cassius n'eussent pas mieux dit.

— Ni mieux fait que je ne le projette....
En vérité, citoyen de Florence, la politique
la mieux combinée échoue souvent devant le
hasard : j'étais loin de prévoir que je trouve-
rais sur ce rocher un ennemi des tyrans de

(1) C'était une réunion ou académie philosophique qui se tenait dans les jardins de Cosme Rucellai.

(*Note de l'Éditeur.*)

la Toscane. Réunissons donc nos projets dans
un même complot, et que Valentinois appren-
ne bientôt ce que peut l'amour de la liberté;
entendons-nous, trouvons un moyen de cor-
respondre; quelque chose me dit que ce n'est
pas seulement le hasard qui nous a fait venir
ici tous deux.

— Merci, grand merci, seigneur de Pise :
je donne volontiers un conseil, mais le courage physique se trouve rarement compagnon
de la prudence. Laissons faire le peuple; il
est fort de sa haine contre la tyrannie; il
triomphe quand il le veut. Le duc d'Urbin
conserve l'affection de ses sujets; Borgia, au
contraire, n'a pour lui que des troupes mercenaires, désunies, ambitieuses, sans discipline, braves hors du danger, lâches à l'ennemi, n'ayant d'autre amour qui les attache
à son service que celui d'une paye modique...

— Saint Michel! tu parles comme un
sage.

— Les condottieri savent trahir, et non
mourir. C'est là tout le secret de la déca-
dence et de la ruine de l'Italie.

— Tous les alliés de Borgia ne sont pas ainsi, et le roi de France.....

— C'est un bon maréchal des logis; il sut désigner avec de la craie les logemens de Valentinois.

— Et en balayer la poussière : César Borgia emprunte la pate des Valois pour tirer les marrons du feu. Que lui faut-il de plus ?

— Le pape Alexandre, d'ailleurs, se sert du spirituel pour acquérir le temporel; et, comme le disent les Français :

« Autels et sacrements sont vendus d'Alexandre;
« Ce qu'il a acheté il le peut bien revendre. »

— Mais le roi ne regarde pas au temporel pour se faire bien venir du spirituel.

— C'est vrai; on ne sait pas encore en France qu'augmenter la puissance d'un autre, c'est s'affaiblir soi-même. Celui que le peuple d'outre-monts appelle son père, le dévastateur de l'Italie, voit la Lombardie lui échapper quand Rome et Naples s'agrandissent.

— Saint Michel! ta vue est plus longue que l'épée de Charlemagne.

— Rien ne féconde plus l'imagination que
les cachots et les tortures : on connaît ce que
valent les princes quand on les considère du
plateau de la balance où leur justice vous
pèse. Concevoir la pensée de leur ravir la
puissance, c'est déjà en avoir détruit tout le
prestige; et ce qu'on appelle conspirer contre
eux est toujours un réaction naturelle.

— C'est plus, seigneur de Florence, c'est
le pressentiment d'un meilleur avenir. Mais
prends garde, il ne faudrait pas que les
bonnes gens de ce pays t'entendissent : le besoin qu'ils éprouvent d'une existence plus
large, plus digne d'un peuple, cette tendance
à se rapprocher du centre des lumières, les
porterait à conspirer contre les institutions
que tu admires. Nous autres républicains
corrompus ou éclairés, comme tu l'entendras,
nous nous laissons aller au flot fugitif du présent, parce que nos passions couvent le
germe du bien-être, et nous alternons ainsi,
sans nous en apercevoir, de la tyrannie à la
liberté, et de la liberté à la tyrannie; mais la
masse, ce troupeau qui broute partout, il

est esclave, toujours esclave du berger, de
ses chiens, soit que le berger ait le nom de
tyrannie ou de liberté. Écoute, toi que la nature a doté du génie inquiet de l'indépendance.... Mais non, quand tu verras un prince,
demande-lui compte de ses actions, et peut-
être seras-tu surpris de sa réponse. Allons,
entrons là, nous y causerons plus à l'aise.

Pendant cette conversation, où chacun
semblait animé du désir de tromper l'autre,
ils étaient arrivés près de la maison de Marina.

D'un autre côté, les jeunes citoyens, parvenus au pied des sombres poteaux, entou-
rèrent Agosto, dont l'exaltation, loin de se re-
froidir par la réflexion, s'augmentait, au contraire, à mesure que la pensée mûrissait ses
projets : il releva la tête avec majesté, et pro-
menant autour de lui un regard assuré :

— Quelqu'un parmi vous, dit-il, doute-t-il
de mon attachement, de ma reconnaissance
pour la patrie ?

Une exclamation soudaine exprimait l'horreur qu'une telle pensée inspirait. Une noble

pudeur colora le front d'Agosto; il poursuivit :

— Je puis donc parler avec sincérité. Vous
m'avez vu transporté d'admiration pour les
idées nouvelles, quand elles sont venues nous
révéler un avenir plus vaste. Je me suis
élancé comme vous dans cette sphère de promesses où les sciences et les arts doivent développer nos facultés, où l'industrie assure
un meilleur être. Cependant, je n'ai pas cessé
de bénir l'existence du passé, monotone sans
doute, mais exempte de troubles et d'esclavage. Répondez, voulez-vous connaître pour
la première fois le joug d'un maître ?

— Non, non, s'écria-t-on de toutes parts,
plutôt mourir.

— Eh bien, continua Agosto, il faut oublier vos rêves, il faut dire un dernier adieu
à ce lieu lugubre, et redescendre à la grande
place.

Quelques murmures sourds se manifes-
tèrent.

— De quel droit lui-même nous parle-t-il
en maître? se demandait-on; quelle haute

opinion a-t-il donc de sa sagesse? pourquoi
renoncer à nos plus chères espérances au moment de les voir se réaliser?

Mais le silence ne tarda pas à se rétablir.
Agosto reprit avec les marques de la plus
profonde douleur :

— Nous chercherions en vain à nous créer
de nouvelles illusions, ô mes amis! ô mes
frères! nous avons compromis l'indépendance
du Titan. Quelques étrangers perfides ont
parlé, et, dans notre bonne foi, nous avons
écouté leurs paroles ; ils nous ont provoqués
au changement, et, dans notre impatience,
nous étendions les bras au-devant de Borgia;
sur lui seul nous basions notre avenir, car
c'est lui seul que les auteurs de nos dissensions présentaient à notre espoir.

— Non, non, s'écrièrent quelques voix.

— C'est Borgia, répondit un plus grand
nombre.

— C'est Borgia, répéta Agosto d'un ton
ferme. Quelle confiance pouvons-nous accorder à ce conquérant sans foi, maintenant que
nous connaissons ses crimes?.... Vous avez vu

le noble duc d'Urbin, cet ami fidèle, il a compté dans l'infortune sur la loyauté des habitans de la montagne, sur les vertus républicaines. On vous a cité l'exemple de tous ces princes en fuite à l'aspect d'un prince plus puissant qu'eux. Est-ce donc là les effets de cette existence progressive qu'on nous a tant vantée? Non, je ne le crois pas, mon cœur repousse cette idée impie. Je n'ai jamais lu les beaux vers du Dante sans qu'un vague espoir me présentât l'avenir avec d'immenses richesses pour l'esprit, avec des bienfaits pour le corps. Borgia n'est qu'une triste exception. Point de Borgia: celui qui dépouille nos amis ne saurait vouloir notre bonheur. Si des mœurs nouvelles nous sont nécessaires, descendons dans la plaine la lance au poing, allons les chercher d'une manière digne de nous, les yeux ouverts, pour distinguer le bien et le mal, et cuirassés de ce vieux bon sens que nos pères se sont transmis d'âge en âge.

L'enthousiasme qu'excitèrent ces paroles se manifesta dans l'assemblée par un murmure d'abord léger, mais qui s'accrut comme

un orage à mesure qu'il parcourait les rangs;
puis, s'éteignant peu à peu, semblable à cette
agitation rapide, à ce frémissement confus
que le vent d'automne produit dans le feuillage, il fit place à un profond silence, et
Agosto poursuivit :

— Ouvrons un libre passage au duc d'Urbin, puisque nos intérêts communs l'éloi-
gnent de cet asile; protégeons, non sa fuite,
mais sa retraite; que l'approbation de nos
magistrats sanctionne désormais la moindre
de nos démarches; rentrons franchement
dans la voie du devoir : plus de divisions, et
jamais la bannière d'un ambitieux ne flottera
au-dessus de nos têtes.

Tous les yeux suivirent alors le regard
d'Agosto, qui se porta vers le sommet de la
Guaita, comme pour appeler à son aide le
pic vierge de toute domination étrangère : ce
mouvement compris par des cœurs san-
marinois produisit une nouvelle sensation,
d'autant plus forte qu'elle naissait d'elle-même;
et ces yeux qui ne s'élevaient jamais que pour
Dieu, contemplaient le bastion avec un senti-

ment religieux de respect et d'orgueil. Ils pouvaient distinguer sur la muraille le large écusson où l'aigle de la famille de Montefeltre
étendait ses ailes immenses sur les trois
tours titaniques, et cette sculpture, que trois
siècles n'avaient pas altérée, en rappelant la
constante protection que les seigneurs d'Urbin accordaient à l'indépendance de la montagne, imposait la noble obligation de protéger
le duc malheureux. Cette pensée sainte succéda
aux longs bravos de l'exaltation patriotique,
et fortifia les jeunes citoyens dans leur nouvelle résolution; ils se hâtèrent de fuir ce lieu
de rassemblement, où quelques-uns restèrent
comme attérés de ce changement si subit et si
loin d'être prévu.

Dans l'intérieur de la ville, les citoyens
avaient quitté la place publique sans avoir
rien décidé d'important sur les mesures à
prendre dans cette grave circonstance. Seulement les plus zélés s'étaient offerts pour garder la maison du gouvernement où l'on avait
conduit Guidobaldo; d'autres devaient veiller
à la sûreté de la porte de la ville, et des

6.

exprès avaient été envoyés aux habitans du
dehors pour qu'ils vinssent assister à l'*ar-
ringo,* ou assemblée générale convoquée pour
le lendemain.

La trahison du fort éveille la prudence du
faible. La disparition de l'envoyé de Valentinois, dont on apercevait les troupes en mouvement autour de la montagne, nécessitait la
surveillance la plus active ; et dans la crainte
que des agents secrets n'agitassent la ville,
il fut résolu que tous les étrangers qui s'y
trouvaient dans ce moment, après avoir justifié des motifs de leur présence sur la
montagne, fourniraient une caution, ou res-
teraient prisonniers. Cette sévérité, dont il
n'y avait jamais eu d'exemple, n'était cependant qu'une mesure prudente, et les magistrats en l'ordonnant se montraient dignes des
hautes fonctions qu'on leur avait confiées.

L'approbation du gouvernement vint donner à la généreuse entreprise des jeunes citoyens l'éclat qui fait la gloire ; bientôt la
population entière n'eut plus à s'occuper que
d'une expédition dont quelques vieillards ne

voyaient pas l'impérieuse nécessité, mais à
laquelle la plus grande partie des hommes
faits se préparait avec un calme imposant. Si
quelques-uns de ces citoyens qu'on trouve toujours disposés au désordre parcouraient les
rues en exagérant les avantages de la victoire, d'autres prédisaient à voix basse des
dangers et des revers : les premiers étaient
déjà suspects aux magistrats, les seconds le
devinrent. La porte de la ville resta fermée
pour tous indistinctement ; la défense la plus
sévère était faite aux gardiens de laisser pénétrer, et surtout sortir qui que ce fût ; on
sentait de quelle importance il était que Valentinois ne fût point informé de l'excursion
méditée.

VI.

Marina était debout, elle tenait ses mains étendues au-dessus de la tête d'Agosto agenouillé ; son maintien annonçait une résolution forte, cependant ses yeux étaient humides de larmes , et sa voix tremblante trahissait l'émotion la plus vive.

— Sois brave, disait-elle ; puisse notre saint protecteur et la mère de Dieu détourner loin de toi les coups qui donnent la mort! Va, pauvre enfant, je te bénis : les dangers t'attendent dans la plaine, mais le plus grand de tous n'est pas au milieu des combats ; résiste avec courage à ce qui plaît aux regards, là où tout est trompeur, et le son de la voix, et la fraîcheur de l'ombre, et le bruit des eaux, là où chaque chose a un charme secret qui

enivre. Sois de roc, comme la montagne qui
t'a vu naître ; reviens libre et pur comme tu
pars. Dans la mêlée ne pense qu'à l'ennemi,
mais dans le repos ne pense qu'à Dieu : va,
toi qu'on nomme Agosto, délivre la Romagne du traître appelé Valentinois.

— Marina ! Marina ! cria d'une voix terrible
le citoyen de Pise en entrant ; es-tu donc fatiguée de sa vie ? Pourquoi envoies-tu au combat un enfant dont le bras est si faible ?

— Son bras est redoutable, car son cœur
hait le parjure et la trahison, répondit-elle en
retrouvant la force de son âme : j'ai passé la
journée, là, plongée dans mes souvenirs ;
tout ce qui me restait d'autrefois a fait place
au nouveau sentiment qui doit aujourd'hui
soutenir ma vie... Agosto, lève-toi, montre-
toi digne de mériter l'honneur d'être citoyen
de San-Marino.

— Femme, dit le Pisan d'une voix plus
terrible encore, le père de cet enfant a parlé.

— Mon père ! s'écria Agosto avec vivacité,
mon père ! quel est-il ? le connais-tu, étranger ?

— Son père, ajouta Marina, c'est le père

commun des hommes; sa mère, c'est la patrie.

— Femme, répéta le Pisan d'un ton impé-
rieux, le père de ce jeune homme ordonne
qu'il me suive.

— Il n'a point de père, répondit Marina
avec une fermeté imposante; qui peut pré-
tendre à ce titre sacré? nul n'en a rempli pour
lui les devoirs, nul n'a le droit de l'arracher à
sa grande famille. L'infortunée qui lui donna
le jour a-t-elle osé dire : Il est mon fils? Les
sermens ont-ils été tenus? l'espoir s'est-il réa-
lisé? Non, non, il n'aura pas de père, tant
qu'une femme de la montagne ne dira pas
avec orgueil : Il est mon fils!

— Bon étranger, dit Agosto, parle-moi de
mon père s'il est vrai que tu le connaisses...

— C'est à Rome qu'il t'attend...

— C'est à San-Marino que son crime doit
être réparé, se hâta de dire Marina, et se
tournant d'un air d'autorité vers Agosto, elle
ajouta : Entends-tu la cloche qui appelle les
hommes libres sur la tombe de notre saint
fondateur? va prier, fils adoptif des citoyens,

va prier pour les coupables; montre-toi ce
que tu as été toute ta vie, le frère de tous les
enfants de San-Marino : compagnon de leurs
jeux, sois-le de leurs périls et de leurs succès :
Je t'ai béni , pars.

Le jeune homme n'écoutant plus que son
enthousiasme sortit précipitamment.

Spectateur attentif de cette scène, Machiavel avait vu se réfléchir sur le visage de son
compagnon des sentiments divers; ce qu'il
y avait ordinairement d'imposant dans sa voix,
dans son geste, venait de céder tout à coup
à l'ascendant de la simple habitante d'une
ville pauvre , et le maintien de celui en qui
tout trahissait une position fort au-dessus du
vulgaire aurait suffi pour lui faire percer le
mystère de la naissance du jeune homme, si,
dominée par des sentiments trop vifs pour être
réprimés, Marina ne se fût hâtée d'ajouter :

— Il est parti! je puis t'accabler enfin de
mes reproches... Ce jour que tu m'as fait attendre quinze ans et plus, le voilà donc venu
pour déchirer mon cœur... Ainsi je ne devais
te revoir que pour être punie de ma faute !

Je ne suis plus rien pour toi, et tu espères
m'enlever l'unique bien qui m'attache à la vie?
Non, ce n'est pas ton fils; le parjure ne mérite pas d'en avoir : tu ne peux rien ici, ni sur
lui, ni sur moi ; l'Arno ne coule pas sur notre
montagne ; ton visage n'a plus la candeur et
la grâce qui m'ont séduite ; tu n'es plus l'écolier de Pise : le crime t'a vieilli, je le vois
empreint sur ton front que de beaux cheveux
n'ombragent plus, et ton regard m'effraierait
si je ne me sentais protégée par une force plus
qu'humaine.... Je suis sans crainte, comme
sans pitié. Ici la justice n'est pas rendue au
prix de l'or ; toutes les promesses sont des
contrats ; la voix qui signale un crime, un
abus, une faute, est toujours entendue. Tremble, toi que je ne puis appeler d'aucun nom
qui ne soit une plainte, une accusation... Oh!
ce n'est plus la femme timide et faible que tu
veux aujourd'hui ; c'est ce jeune homme dont
la beauté flatte ton orgueil, comme jadis celle
de la mère faisait naître tes désirs. Tu voudrais voir un fils de San - Marino porter la
longue queue d'un manteau de brocard... il

n'en sera pas ainsi ; que le ciel me soit en
aide! Retourne à Pise ; celui que j'ai conçu
dans mon sein, dont j'ai guidé les pas, dont
tu as choisi, toi, le nom, avant sa naissance,
Agosto ne quittera pas la tombe sacrée qui fut
son berceau.

— Marina, répondit le Pisan d'une voix
plus douce, l'erreur de ma jeunesse et de la
tienne doit être réparée; cet enfant que tu as
élevé en mère tendre me devient cher maintenant que je l'ai vu, que j'ai senti pour lui
s'émouvoir mes entrailles. Je puis le pousser
dans la carrière des armes ou de l'église; je
puis, à mon tour, remplir ce qui est un devoir pour ma seule conscience. Quant à nous,
Marina, nous avons une patrie, des mœurs,
des intérêts qui diffèrent : il ne nous reste
qu'à gémir du passé. Qu'Agosto me suive,
et...

— Tais-toi.

— Ne seras-tu pas glorieuse d'entendre le
nom de ton fils retentir dans l'Italie?

— La tombe est sourde.

— Ainsi tu préfères ton bonheur au sien?

— Le bonheur est d'être libre et de vivre sur la montagne.

L'homme au poignard voulut alors avoir recours à l'éloquence de Machiavel. Marina, entièrement préoccupée de ses douleurs, n'avait point d'abord aperçu l'étranger : elle poussa un cri de désespoir et se couvrit les yeux.

Machiavel allait répondre; il allait soutenir la fille du Titan dans ses résolutions; il voulait vanter cette sévère vertu des républiques, qui fait préférer l'indépendance à toutes les superfluités du luxe, à toutes les vanités de la gloire, mais une femme entra, et un autre sujet vint occuper les esprits.

Deux morceaux de drap grossier de couleurs différentes, attachés autour de la taille par une courroie de cuir à laquelle pendaient des médailles antiques et des images de saints en plomb peint, formaient le vêtement de ce nouveau personnage : sa démarche hardie, sa physionomie farouche, son ton d'autorité vulgaire, avaient quelque chose de solennel qui remplissait d'étonnement et quelquefois de

crainte celui auquel elle adressait ses paroles
d'oracle. Un long voile de toile blanche jaunie
par la poussière était roulé sur sa tête comme
un turban bizarre, et pendait ensuite sur ses
épaules à la manière des paysannes italiennes,
pour ombrager son cou; ses cheveux, d'un
blanc d'argent, tombaient épars sur ses tem-
pes; une rose qui venait d'être cueillie était
fichée avec une branche de chêne vert dans
son épaisse chevelure, et contrastait avec
son visage noirci par l'ardeur du soleil : les
traits allongés et réguliers qui dominaient
toutes les cavités de cette figure fatiguée en
trahissaient l'origine.

Avant de passer le seuil de la porte, elle
frappa trois coup avec un bâton qu'elle portait à la main, et à l'extrémité duquel on
voyait une image singulière ornée de rubans,
de fleurs et de médailles; elle ferma les yeux,
et dit d'un ton grave :

— Qui que vous soyez, vous qui êtes pré-
sens, je vous salue au nom du destin dont je
suis l'organe.

Marina s'avança lentement au-devant d'elle.

— C'est toi, Zingana, dit-elle; entre, entre,
sois la bienvenue.

La devineresse ouvrit les yeux et les fixa
sur la jeune femme; puis elle secoua la tête,
et dit d'un ton triste :

— Te voilà sérieuse et fière; je te trouve
changée, belle fille de la montagne.... Oui, la
trace d'émotions profondes se voit encore sur
ton visage.... Marina, mes paroles se sont-elles
accomplies?

— Tu m'as toujours annoncé la vérité,
Zingana, répondit Marina; les chagrins auxquels je ne voulais pas ajouter foi dévorent
mon cœur en ce moment.

— Hélas! hélas! s'écria l'Égyptienne, on me
reproche mes prédictions quand le malheur
arrive comme je l'ai annoncé, et jamais bouche ne s'est ouverte pour me remercier du
bien que j'ai pu prédire.

Un éclat de rire interrompit la Zingana;
elle se tourna d'un air sévère vers l'homme
au poignard, et le regardant avec dignité :

— Homme! dit-elle, je suis vieille, j'ai le
don de prévoir, et le chef de l'Église a fait

trois fois le signe de la rédemption au-dessus
de ma tête. Pourquoi ris-tu?

— Zingana, répondit le Pisan, tu as volé
les bénédictions du Saint-Père.

— Non, non, trois pièces d'or ont payé ses
prières.

— Ignores-tu donc que l'Église défend tes
sortiléges impies? le feu est le supplice réservé
à tes semblables.

— J'ai racheté mes fautes; le pape a voulu
connaître l'avenir.

— Paix! sempiternelle, tu mens.

— Penses-tu que mon œil se trompe jamais, et que je ne puisse reconnaître dans le
palais d'une dame romaine, sous des vêtemens
de laïque, celui que j'ai vu couvert de la
tiare?

Elle fronça le sourcil d'une manière étrange
et terrible, et malgré l'impatience que Marina
manifestait pour la consulter, elle promena
son regard scrutateur sur l'homme qui l'avait
si durement traitée : et la forme de sa tête,
et le mouvement des muscles du visage, et le
maintien, elle interrogeait tout. Elle répandit

ensuite le sable fin qu'elle portait dans un sac, l'étendit en y traçant un cercle et des signes cabalistiques; puis elle s'adressa à l'étranger de ce ton d'enthousiasme qui produit toujours un effet puissant.

— Entre dans ce cercle, toi qui menaces, tu sauras ce que peut mon art; la vérité n'est jamais inutile, et peut-être un jour te souviendras-tu de mes paroles pour les mettre à profit.... Entre, te dis-je, je me sens possédée de l'esprit; depuis long-temps je n'ai ressenti tant de force pour voir l'avenir, si ce n'est le jour où, dans le palais d'une Romaine, j'ai reconnu le pape Borgia.

— Qu'as-tu donc pu dire au successeur des apôtres, sorcière endiablée?

— Pourquoi tes lèvres tremblent-elles en proférant des invectives? Homme craintif, entre d'un pas plus ferme dans ce cercle.

— Tu cherches en vain à me persuader que j'ai de la crainte, c'est là toute la puissance de ta science infernale; mais j'ai le cœur aussi tranquille au milieu de tes lignes sataniques que sur ma couche.

— Le sommeil ne t'y suit pas toujours.

— Parle; apprends-nous la fortune d'A-lexandre VI, ou je quitte la place.

— As-tu jamais entendu le prêtre trahir le secret de la confession? Mais qu'importe! le chef de la chrétienté ne doit rien avoir de caché pour les fidèles. J'ai dit à Borgia qu'il se tuerait lui-même.

— Ah! ah! ah! un pape suicide.

— Pourquoi pas? C'est un homme mortel comme toi-même.... Cesse ce rire forcé, et foule le sable sur lequel je trouve déjà des traces semblables a celles qui m'ont révélé le destin du pontife romain.

Elle s'empara de la main du Pisan, et l'obligeant à faire trois fois le tour du cercle, elle prononçait lentement ces mots sacramentels :

— *Au nom du Père, au nom du Fils, au nom du Saint-Esprit, je conjure Satan, Astaroth et Belzébut.*

Marina, le visage sévère, assistait à ce spectacle avec une joie intérieure; il était facile de voir quelle foi elle ajoutait aux moindres actions de la magicienne : la ven-

geance, ce sentiment si doux à l'amour
trompé, lui faisait espérer pour le traître
un avenir de tourments. Machiavel conservait seul le calme d'une âme dégagée de
tout intérêt personnel et au-dessus des super-
stitions. Pour l'homme au poignard, il sortit
du cercle magique agité d'un tremblement
involontaire; les efforts qu'il faisait pour
apaiser les sensations pénibles qu'il éprouvait ne purent empêcher la rougeur de couvrir son front; mais les impressions fâcheuses
disparurent, et ses traits étaient redevenus
calmes au moment d'entendre les paroles de
la Zingana.

La vieille, en examinant d'un œil avide
l'empreinte des pas sur le sable magique, laissait échapper des exclamations brusques au
milieu desquelles il était difficile de saisir le
fond de la pensée.

— Singulière conformité! dit-elle. La trace
du prêtre et celle du guerrier.... Quelle ligne!...
des succès!... des succès!... Un abîme! un cheval entr'ouvert.

Le Pisan poussa un cri terrible.

— Tais-toi, damnée! s'écria-t-il, tais-toi!
Voilà de l'or, retourne au sabat si tu veux éviter le bûcher.

Il jeta une pièce d'or sur le sable, et se
hâta de quitter ce lieu : son visage était altéré; la pâleur couvrait ses traits. Machiavel
le suivit, non-seulement pour apprendre les
raisons de cette conduite singulière, mais encore pour essayer de le calmer en rappelant
la réflexion.

— Pardonne, lui répondit-il en se remet-
tant peu à peu, c'est une étrange faiblesse,
et je n'ai pas été maître d'en réprimer l'effet....
Oui, on a prédit à ma mère, le jour de ma
naissance, que je conserverais la vie si l'on
me mettait dans le corps d'un cheval vivant.

— Je ne vois rien là qu'une prophétie ordinaire, répondit Machiavel; c'est le remède
que l'on emploie contre certains poisons,
comme moyen de transpiration.

Il secoua tristement la tête; mais en ce moment quelques citoyens s'approchaient d'eux
pour leur enjoindre l'ordre de comparaître
devant les magistrats.

7·

VII.

Le bruit s'était répandu qu'on avait essayé de séduire par de l'or et des promesses un des citoyens chargés de garder la porte de la ville, pour qu'il y laissât pénétrer, pendant la nuit, des hommes d'armes de Valentinois. On disait que le corrupteur avait disparu au moment où de jeunes citoyens cherchaient à s'emparer de sa personne. Les perquisitions les plus scrupuleuses semblaient si sages, qu'aucun habitant ne songeait à les désapprouver. Tous les étrangers étaient donc mandés devant les magistrats. Cet ordre ne produisit aucun effet sur Machiavel; mais le Pisan pâlit et trembla, quoique son maintien ne perdît rien de son assurance accoutumée; et quand ils arrivèrent à la grande place,

quand ils furent en présence des chefs du
gouvernement, le calme le plus apparent régnait sur son visage; mais alors celui du citoyen de Florence, au contraire, était visiblement altéré par un sentiment d'admiration.
Nul appareil n'entourait ces princes-citoyens,
et pendant les six mois que duraient l'exercice de leurs fonctions, ils n'y trouvaient rien
qui ne fût de la vie ordinaire, sinon des soins
plus constants et le sacrifice de tout repos.
Là, le mot charge ne signifiait pas bénéfice.

Le Florentin nomma sa patrie; mais ne
pouvant pas se recommander d'aucun citoyen, les magistrats allaient prononcer son
arrestation provisoire, lorsqu'il demanda
qu'il lui fût permis d'écrire au duc d'Urbin.
On se rappelait les conseils qu'il avait donnés
dans l'assemblée; et, persuadés que le traître
fuit le grand jour, les chefs traitèrent avec
respect celui que l'amour du bien avait engagé à faire entendre la vérité.

Le duc d'Urbin, après avoir reçu le message de l'étranger, accourut auprès de lui et
l'embrassa tendrement.

— C'est dans mon palais, dit-il, c'est au milieu de mes sujets que j'aurais voulu recevoir le plus digne citoyen de Florence : le ciel qui me l'envoie adoucit mon infortune. Magistrats de San-Marino, que pouvons-nous craindre de Borgia, quand un rayon de lumière brille sur votre montagne? L'amour de la liberté soulève le cœur généreux qui bat sous cette enveloppe, et je m'honore de presser la main d'un ami, cette main qui doit nous apprendre, à nous qui avons des armées, à les guider vers la victoire.

Les chefs du gouvernement s'inclinèrent, et Machiavel baissa son front devant le duc. Mais le Pisan, durant cette scène d'hommages pour son compagnon, promenait sur ces hommes vertueux un œil d'envie, de pitié et de colère. Ce fut à son tour de répondre aux questions des magistrats.

— Qui es-tu? lui demanda-t-on.

— Je suis citoyen de Pise, répondit-il.

— Quel est ton nom?

— Lenzoli.

— Qui t'amène dans cet État?

— La haute renommée dont jouit le gouvernement de San-Marino, l'hospitalité qu'il
accorde à tout chrétien, la sagesse de ses habitants, et la paix qu'on trouve sur la montagne quand l'Italie est déchirée par les puissants.

— Lenzoli de Pise, l'hospitalité n'a jamais
été refusée sur cette montagne : nous connaissons ses lois et ses devoirs ; mais la paix
qui nous est ordonnée par notre saint législa-
teur ne règne plus ici pure et sans trouble
comme elle nous fut transmise, comme nous
devons la transmettre à notre tour : le cri de
guerre retentit jusqu'à nous, la trahison nous
menace, et, pour la première fois, nos fils
descendront armés dans la plaine. Tu vois
un prince privé de ses États ; notre allié le
plus fidèle place en nous son espoir, et la sagesse exige les tristes précautions dont tu su-
bis les conséquences. Libre tu as monté la
hauteur de cette roche, libre tu la descen-
dras quand notre phalange aura conduit loin
des serres du vautour le descendant des amis
de nos ancêtres, et notre ami lui-même :
jusque-là, tu restes notre prisonnier.

— Sages magistrats, répondit Lenzoli avec ce calme et cette dignité qu'il savait prendre à propos, il y a trop de prudence dans vos décisions pour qu'un partisan de l'indépendance des nations s'offense de ces sages mesures. Heureux le prince qui possède des amis tels que vous. Je me soumets sans me plaindre, car cet illustre citoyen sait que j'aime l'air qu'on respire ici.

Machiavel avait peu de temps auparavant remis à un envoyé de Guidobaldo des notes sur l'art de la guerre; le duc en avait combattu quelques principes, et dans la correspondance que cette discussion avait nécessitée, le Florentin avait annoncé l'intention de développer un jour son système dans un ouvrage. Cette circonstance venait de lui attirer la récompense la plus douce aux écrivains, et le duc d'Urbin, en respectant le mystère qu'il paraissait vouloir garder, avait livré l'ame du Pisan aux conjectures. Mais Machiavel était trop fier de sa position et son cœur était trop généreux pour qu'il ne plaidât pas la cause de son compagnon d'infortune, quand

le hasard l'avait rendu maître des secrets intérêts qui l'avaient conduit sur le Titan ; il
parla pour lui, et obtint même une liberté
que le Pisan refusa d'un ton modeste, de-
mandant comme une faveur d'être confié à
la garde du jeune Agosto, dont il était l'hôte,
aussitôt qu'il se verrait forcé de se séparer
des hauts personnages avec lesquels le ciel
l'avait mis en rapport. Il y avait tant de courtoisie dans ses manières, dans son langage,
que Guidobaldo, charmé, lui témoigna sa
bienveillance, et l'engagea, ainsi que Machiavel, à monter jusqu'à la Guaita pour jouir
du coucher du soleil. Le noble vieillard portait ses vêtements obscurs d'un air si majestueux, qu'il faisait naître un respect involontaire ; et venant à passer sur le lieu où les
citoyens se façonnaient au maniement des
armes, sa présence excita les transports de
l'enthousiasme le plus vif.

— Bons amis ! dit le prince.

— Braves citoyens ! ajouta Machiavel.

Le Pisan garda le silence.

Parvenus sur le sommet de la montagne,

les trois étrangers contemplèrent le tablea
qui s'offrit à leurs regards émerveillés.

— O ma patrie! s'écria Machiavel avec e
thousiasme, ô Florence! le soleil dore aus
dans ce moment les riants coteaux qui t'env
ronnent, les vitraux de tes palais, et les eau
paisibles de ton fleuve; mais l'air méphitiqu
de l'esclavage a corrompu tes riches hab
tants. L'antique vertu des peuples de la To
cane et de l'Italie entière s'est réfugiée su
une roche stérile; elle y demeure invincible.
Grandes cités dont j'aperçois les enceinte
vous avez toutes des accents de douleur
faire entendre, une ancienne splendeur, un
liberté précieuse à regretter. Ici, ici seul
ment, le ciel ne reçoit que des actions c
grâces..... Écoutez..... la voix du Rubicon a
cuse encore César à travers les siècles; le
arcs élevés à Auguste et à Trajan ne console
pas Rimini et Ancône des souffrances d
passé, du malaise des temps présents et de
craintes de l'avenir. Je te salue, Ravenne, o
le Dante exilé a terminé sa plainte. Espère
sois fidèle, Urbin; ton noble père porte d

gnement sa tête que n'a point abattue la trahison; et vous qui vous courbez sous le joug
de Valentinois et de l'étranger, Faenza, Cé-
sène, Cervia, Pésaro, vous relèverez-vous au
signal de la vengeance?

— La Romagne sera délivrée, dit Guidobaldo, j'en reçois le pressentiment.

— La Romagne verra ses destins accomplis,
ajouta Lenzoli avec un accent prophétique.

— Quels qu'ils soient, poursuivit le citoyen
de garde à la Guaita, nous prétendons à
l'honneur de ne pas y être liés. Nos chartes
prouvent que le mont Titan n'a jamais fait
partie de la pentapole et de l'exarchat de Ravenne. Le roi Pépin n'a pu comprendre dans
sa pieuse donation ce qui ne lui appartenait
à aucun titre; le saint-siége a perdu tous les
plaids que nous suscitèrent ses prétentions
sous la direction de monseigneur l'évêque de
Montefeltre et de ses clercs.

Le sang-froid et l'air d'importance avec
lesquels le San-Marinois fit son observation
patriotique produisirent sur les trois hôtes
un effet qui se manifesta chez le Pisan par

un sourire sardonique, chez le duc par un geste d'approbation, et chez le Florentin par un regard d'étonnement.

— Demandez à la tourbe esclave, dit Machiavel, ce que firent les devanciers, elle gardera un silence stupide : chez un peuple libre, tout ce qui intéresse la patrie se transmet d'âge en âge ; cette histoire orale est la force des institutions.

Puis s'adressant au citoyen du Titan, il continua :

— Eh quoi, homme libre, tu ne crains pas les saintes ruses d'Alexandre VI !

— Pas plus qu'autrefois nos pères n'ont redouté le puissant génie de Grégoire VII, répondit le citoyen de la montagne.

— Le puissant génie, répéta Machiavel; pourquoi parler ainsi de ce mendiant qui enchaîna les rois et les peuples ?

— Pourquoi ? s'écria l'homme au poignard d'une voix imposante, et sortant, malgré lui, de l'espèce de contrainte qu'il semblait s'être imposée; demande-t-on pourquoi le lion fait trembler la gazelle ? pourquoi l'aigle planc

dans les airs, pourquoi le soleil éclaire le
monde? Tu parlais ce matin du génie militaire qui fit des princes de quelques hommes
bien obscurs; mais le vrai génie ne souffre
aucune dénomination, parce qu'il est tout,
comprend tout, comme Dieu ; il a mission de
diriger l'univers; c'est lui qui plaça si haut
des mendiants, des pêcheurs, que leur seul
nom abaissera pour l'éternité le front des
chefs les plus puissants.... Et qu'appelleras-tu
génie, citoyen de Florence, si ce n'est cette
faculté d'établir de grandes choses sur la
terre? Pontife d'un seul Dieu, Ildebrand voulut qu'il n'y eût qu'un seul chef pour diriger
son peuple. Il avait bien compris le catholicisme; il vint accomplir cette loi sociale, et
lui faire atteindre le dernier terme de développement. Sais-tu ce que serait aujourd'hui
l'humanité, si un homme, sorti des rangs les
plus bas, ne s'était placé au-dessus des rois?
Un corps sans force, une de ces sociétés sté-
riles dont cette montagne nous offre un pâle
tableau. Le pouvoir spirituel a perfectionné
l'espèce humaine; c'est dans le sein de l'Église

que se sont élaborées les sciences dont per
sonne ne peut nier les bienfaits ; c'est le clerg
qui a conduit d'un pas rapide le monde pa
les princes..... Regarde la route parcourue
on se repose aujourd'hui. Des raisonnement
impies annoncent qu'il faut de nouvelles théc
ries, s'il existe en effet des besoins nouveaux
On commence à critiquer l'ancien système
mais un temps de transition doit attendre le
nouveaux régulateurs ; un autre Ildebran
viendra, et peut-être Alexandre VI, que nou
accusons comme homme, cherche-t-il à re
saisir les rênes échappées des mains de se
prédécesseurs. N'a-t-on pas vu tout récen
ment le spectacle imposant de deux natior
puissantes consentant à soumettre leurs di
sensions actuelles, et même leurs dissensior
possibles, au jugement désintéressé du pè
commun de tous les fidèles, à mettre pou
toujours l'arbitrage le plus imposant à la plac
des guerres interminables (1)? Est-il donc u

(1) V. la bulle *Inter cœtera* d'Alexandre VI.
(*Note de l'Éditeur.*)

honneur plus grand pour l'humanité que cette
bénédiction papale donnée à l'univers, que
cette puissance morale qui s'étend jusqu'aux
limites du monde à mesure que l'ambition de
l'homme en agrandit la sphère, éternelle destinée du nom de Rome! Peut-être Alexandre VI,
comme ce roi de Macédoine dont il porte le
nom, rêve-t-il, en effet, un pouvoir unitaire.
Les armes de son fils, César Borgia, protégent
cette grande idée, qui fut celle du héros
dont lui-même porte aussi le nom. Citoyen
de Florence, crois-en ma bouche : j'ai long-
temps réfléchi sur ces matières sérieuses qui
occupent tous les esprits ; la liberté ne florira
qu'à l'ombre du siége de l'apôtre chrétien ;
les princes ne s'affranchiront de l'obéissance
filiale qu'ils doivent au pouvoir spirituel que
pour opprimer les peuples.

L'étonnement du duc et de Machiavel leur
avait d'abord fait garder le silence ; mais les
paradoxes de Lenzoli avaient ensuite captivé
leur attention. Cependant Machiavel répondit
avec cet amour naturel que tout écrivain a
pour les controverses :

— Citoyen de Pise, je n'ai jamais repoussé une idée quand je l'ai trouvée juste, quelque opposée qu'elle fût à mon opinion; je reconnais qu'il y a du vrai dans tes paroles; le clergé, on ne saurait nier un fait, fut long-temps le guide de l'humanité.

— Il le fut toujours, répliqua Lenzoli, dont cette discussion animait l'éloquence, sa mission est de l'être. Chaque religion eut son temps, ses vertus, sa splendeur; les dogmes successifs furent aussi des lois de perfectionnement et de progrès : le peuple suit la colonne flamboyante qui le conduit.

— Soit, dit Guidobaldo; mais aujourd'hui, est-ce par amour de la civilisation que le clergé veut encore se faire le maître des rois?

— En douter est une impiété, noble seigneur; le clergé seul peut prévoir l'avenir de l'humanité, car c'est le but de toute science. La science de l'espèce humaine doit être le partage de ceux pour qui les consciences n'ont rien de caché.

— Mais, continua le futur historien de Florence, est-ce pour retenir les nations sous

une obéissance passive ou pour agrandir la
sphère de leur existence qu'Alexandre VI et
Valentinois commettent à l'envi tant de crimes? Tout le temps que le savoir resta dans
le cloître, les moines durent exercer une influence naturelle; mais ils doivent la perdre
maintenant que les sciences et les arts brillent d'un vif éclat dans le sein des cités. Le
peuple suit toujours la colonne flamboyante
qui le guide? as-tu dit : mais les prêtres ne
forment plus que la noire fumée qui y suc-
cède : que le nom de Dieu soit invoqué pour
conserver l'humanité dans les vertus chré-
tiennes, et le clergé restera tout-puissant.

— Et les peuples toujours plongés dans la
même ignorance.

— Florence vient de voir le frère Jérôme
Savanarole (1) échouer dans ses projets : on

(1) Espèce d'abbé Châtel, qui tenta de faire une
réforme et qui eut d'abord beaucoup de partisans.
Voilà ce que Machiavel dit de lui dans une lettre
consacrée à son sujet : « Il dit que Dieu lui avait an-
« noncé qu'il y avait un homme dans Florence qui
« cherchait à en devenir le tyran, et qui, dans ce
« dessein, pratiquait des intrigues de toute espèce.

ne croit plus qu'un homme parle avec Dieu;
les révélations sont honnies.

— Mais qu'eût fait Savanarole, si, comme
Moïse, Cyrus, Thésée, Romulus, il eût pro-
phétisé les armes à la main ? Savanarole a
péri comme le Christ : on ne persuade les peu
ples que par la force ou par le sang.

— Quelles croyances veulent donc imposer
les dévastateurs de l'Italie ?

— Ils veulent raffermir celles qui condui-
sirent le monde au degré de perfection où
nous sommes arrivés.

— Il est trop tard. Elles ont produit tout
le bien qu'elles pouvaient produire : Wiclef,
Jean Hus et Jérôme de Prague ont commencé
une époque nouvelle, leurs successeurs l'a-
chèveront.

« Au reste, la seigneurie ayant écrit au pape en sa
« faveur, Savanarole a vu qu'il n'a plus d'ennemis
« à craindre dans Florence, et il a changé son plan
« d'attaque; il cherchait autrefois à fortifier son
« parti en lui inspirant la haine de ses ennemis et en
« l'effrayant par le nom d'un tyran; aujourd'hui
« qu'il n'a pas besoin de ces moyens, il recommande
« l'union avec le gouvernement, et ne parle plus de
« sa scélératesse ni de tyrans. »   (*Note de l'Éditeur.*)

— Non, par l'épée de saint Paul! Ces pré-
tendus réformateurs veulent arrêter la marche des progrès et nous ramener en arrière;
leurs protestations sont vaines, leurs interpré-
tations froides comme la lettre: non, non, ils
n'étoufferont pas l'esprit du Seigneur. Le
christianisme est éternel; et quelle religion
peut se passer de pontife?

— Infaillible, sans doute!

— Le rire satanique qui agite tes lèvres,
citoyen de Florence, ne détruira pas ce qui
est indestructible : *Ubi Petrus, ibi ecclesia.*
Qu'est le corps sans le chef? A-t-on vu marcher un décapité?

— Saint-Denis de France, n'en déplaise à
votre seigneurie.

— La réponse est bouffonne; mais c'est celle
des gens qui manquent de bonnes raisons : ne
faut-il pas un lien à l'unité? Le pape est Pierre
par la puissance, Samuël par la juridiction,
Moïse par l'autorité, Melchisédech par l'ordre, Abraham par le patriarcat.

— Seigneur Lenzoli de Pise, dit Machiavel
d'un ton moitié railleur, moitié sérieux, si tu

8.

manies l'épée comme la parole, tu dois te faire
jour dans la mêlée; mais c'est un étrange
amour de la liberté qui anime ton cœur pour
les plus grands ennemis de la démocratie. Les
papes étaient ce qu'il fallait qu'ils fussent
lorsqu'ils se bornaient à employer les censures;
mais ils ont réuni la force des armes et des
indulgences pour imprimer la terreur et la
vénération, et en usant mal de l'un et de
l'autre moyen, ils ont tout-à-fait perdu le premier, et se sont mis pour l'autre à la discrétion d'autrui.

— Tu dis vrai, seigneur citoyen de Florence, répondit Lenzoli sur le même ton;
aussi le pape actuel a-t-il reconnu l'erreur et
chargé son propre sang de sa propre cause.
Quant à moi, j'aime la liberté, non pas celle
qui emprisonne l'homme dans les murs de la
cité, qui inspire le sentiment étroit de la patrie; je l'aime catholique, c'est-à-dire puissante,
car elle est d'origine chrétienne : la parole
de Dieu est universelle comme sa pensée.

— Par ma barbe! citoyen de Pise, dit Guidobaldo, tu as bu dans le verre de quelque

alchimiste en relations avec les puissances in-
fernales, ou plutôt avec sa sainteté Alexandre :
leur bâtard ne dirait pas mieux.

— Noble seigneur d'Urbin, je discute librement avec des hommes capables de me comprendre et de me combattre. Le Valentinois
a, dit-on, une ambition sans bornes; sa longue
épée est appuyée sur le pouvoir papal ; cependant si je commandais aux troupes que
nous voyons manœuvrer en ce moment dans
la plaine, avant que le soleil eût disparu, j'aurais planté ma bannière à la place où nous
sommes; car je dirais aux habitants de la
montagne : Obéissez-moi, vous êtes citoyens
de l'univers.

— En attendant que ces beaux rêves se réa-
lisent, que Dieu nous délivre des Borgia.

— Amen, noble duc, ce que votre seigneurie appelle de beaux rêves ne me fait pas oublier quels dangers nous menacent, et l'illustre citoyen de Florence que voilà plongé dans
la méditation songe sans doute aux moyens
de nous en tirer.

— Je songe à tout ce que je viens d'enten-

dre : quel homme es-tu donc, toi dont le cerveau contient une idée si vaste que Dieu seul
a pu la concevoir ?

— J'ai passé ma jeunesse dans l'université
de Pise, côte à côte du fils de Laurent de Médicis (1); Pic de la Mirandole, Jean Lascaris
et tous les savants attirés à la cour de Florence n'ont pas dédaigné de combattre mes
doctrines. L'idée de l'unité religieuse a fait
grandir le monde; elle seule doit le rendre
éternellement jeune dans l'avenir. Quant au
présent, je souscris volontiers à tout ce que
vous croirez convenable d'entreprendre pour
arrêter les progrès de Valentinois.

— Que Venise m'accorde des secours, et
nous lui ferons connaître si nous sommes ex-
perts dans l'art de la guerre.

Le duc d'Urbin et Machiavel échangèrent
un sourire d'intelligence. Lenzoli le surprit;
son front se rida, ses traits s'obscurcirent et
ses lèvres tremblaient en prononçant les paroles suivantes :

(1) Le cardinal devenu Léon X.

(Note de l'Éditeur.)

— Mais la difficulté est de se frayer un passage : les troupes de Borgia sont au pied de la montagne.

— Nous les combattrons, répondit Guidobaldo en relevant sa tête blanchie.

— Leur nombre vous accablera.

— Nos amis de San-Marino ne sont pas énervés par la débauche.

— Quel que soit leur nombre, craignons pour eux des hommes d'armes accoutumés aux batailles.

— Vils mercenaires, ajouta Machiavel, ils ne défendent pas comme nous une cause qui leur soit chère ; ils fuient dès que le danger passe la paie qu'ils reçoivent.

Un mouvement convulsif agita le Pisan.

— Peut-être est-ce la vérité, dit-il avec une espèce de résignation forcée, et en changeant l'expression involontaire de ses traits : nous pouvons donc dormir au sein de l'espérance !

— Et demain, ajouta le duc, l'astre qui disparaît viendra saluer nos succès.

Une vapeur teintée de couleurs chan-

geantes environnait la base du mont; l'horizon, de plus en plus rapproché, n'offrait qu'un
sombre rideau sur lequel venaient scintiller,
courir et disparaître des points lumineux
comme des étoiles; l'air plus tranquille semblait frémir au son de la cloche qui appelait
les chrétiens à la prière; un calme profond et
religieux élevait l'âme à des hauteurs infinies,
et les émotions sublimes qu'elle recevait n'é-
taient pas de celles qui meurent dans la mémoire des hommes : un chœur de voix pures,
où le timbre argentin de la femme et de l'enfant se mêlait au ton grave et sonore des jeunes
gens et des vieillards, s'unissait dans une conviction sincère, et formait un concert dont le
chant plaintif et lent arrivait à la Guaita
comme le parfum de la piété. La vertu parlait au cœur des étrangers placés ainsi entre
le ciel et la terre : pour le prince sans sujets,
pour le sujet sans prince, cette émotion naissait du contact d'un peuple libre, sans ambition; mais pour le Pisan, elle se perdait dans
son esprit sans bornes, et prenait un caractère terrible, providentiel, comme si sa pen-

sée eût été la loi qui dût faire subir au Titan
le destin réservé à tous les peuples, de même
que le ruisseau qui coule sans bruit va se
réunir à la vaste étendue des mers.

— Voilà le bonheur, s'écria Machiavel; je
le trouve enfin sur cette montagne : pas de
maîtres ici, rien que des vertus. Heureuse
contrée!

— Un maître y règne, répondit Lenzoli
avec exaltation, mais celui de tous les peuples. Heureuse contrée?... peut-être.... Ses habitants ne cherchent pas à s'écarter du sentier
tracé par la religion; des subtilités, des controverses vaniteuses ne viennent pas éteindre
le flambeau du catholicisme; le vrai Dieu,
une aveugle soumission.... Mais on languit ici
dans ce bonheur, quand tout autour de nous
se renouvelle.... Non, non, il n'est pas heureux,
le peuple qui reste en arrière.

VIII.

Ainsi qu'il l'avait souhaité, le citoyen de Pise fut confié à la garde d'Agosto.

La nuit plongeait dans le calme le plus profond les habitants de la montagne; si quelques-uns veillaient, c'était au salut de tous. Cependant, près d'une fenêtre que la lune emplissait de sa pâle clarté, Lenzoli debout restait en proie à de sombres réflexions; son visage, éclairé d'un côté, eût présenté l'image de la mort, sans la mobilité constante de ses muscles, tandis que l'autre moitié n'offrait, comme le mystère, qu'une trace indécise. Ce tableau occupait l'esprit du jeune citoyen qui veillait près de l'hôte, et son imagination, frappée d'un respect involontaire, grandissait encore ce personnage singulier, qui, dans ce

moment, semblait encadré par des objets extérieurs en rapport avec le sentiment qu'il
inspirait : une sculpture grossière du saint
fondateur de l'état social du Titan recevait sur
les points les plus saillants des taches de lumière et de vagues reflets; quelques lances
brillaient contre la muraille, et, comme un
fleuve de lait, un rayon de la lune descendait
sur un livre entr'ouvert, pour se jouer avec
les lettres de différentes couleurs et les ornements capricieux qui garnissaient le vélin où
les saints Évangiles avaient été copiés à grands
frais.

— Quel est donc cet homme ? pensait le fils
adoptif des citoyens; tout est extraordinaire
en lui; il m'impose une crainte respectueuse,
à moi qui n'ai jusqu'ici ressenti ce sentiment
que pour le Dieu tout-puissant. Pourquoi sa
profonde méditation quand c'est l'heure du
sommeil? Il n'a rien à redouter, car rien ne
trouble sa sécurité; ses moindres mouvements,
le son de sa voix, tout en lui décèle l'habitude de l'autorité. Pourquoi a-t-il demandé
d'être confié à ma surveillance? Qu'est-il venu

faire sur la montagne, lorsque nos divisions momentanées doivent nous faire regarder tout étranger comme un ennemi? Pourquoi Marina tremblait-elle parfois en sa
présence?.... Marina habita Pise, et Pise est la
patrie de l'étranger....

Un geste de Lenzoli interrompit ces réflexions. Après avoir promené un regard inquiet sur tout ce qui l'environnait, comme s'il
se fût rappelé tout à coup sa position, il se
pencha pour apercevoir la plaine, et sembla
compter les feux que les troupes campées y
avaient allumés. Mais un mouvement involontaire du jeune homme le fit tressaillir, il s'é-
cria avec effroi :

— Qui va là? gardes!

— Pardon, pardon ! balbutia Agosto effrayé de la brusquerie de cette exclamation,
que sa seigneurie ne craigne rien, je suis son
garde en effet; mais on ne connaît pas la trahison sur la montagne, et je l'engage à se livrer tranquillement au sommeil, dont j'é-
prouve moi-même le besoin.

— Tu étais près de moi, jeune homme?

répondit le Pisan ; viens-çà, écoute ; approche... Plus près, là ; assieds-toi sur mes genoux.... Eh bien ! tu trembles ?

— Non pas ; mais il y a si long-temps qu'on
ne m'offre plus de tels bancs... J'ai manié la
lance !... Et puis tes regards sont extraordi-
naires.

— Ils te font peur, et tu as manié la
lance ?... Rassure-toi : mes yeux expriment la
joie que j'éprouve à me trouver seul avec toi...
Le sommeil est pour ces gens calmes qui ne
songent qu'à eux.

— Pourquoi ne dors-tu pas, et à qui donc
songes-tu ?

— A qui ? ta demande est hardie..... mais
j'aime ton caractère. Réponds, Agosto : as-tu
jamais vu une grande armée ?

— Depuis que je suis né, nul ennemi n'a
menacé la montagne.

— C'est un noble métier que celui de la
guerre !

— Métier !... Nous ne savons faire usage de
nos armes que pour repousser d'injustes
agressions.

— Mon bel ami, si des hommes étaient assez aveugles pour repousser le bien qu'on
leur présente, ne serait-il pas juste et humain de les contraindre par la voie des armes à le recevoir ?

— Le Christ n'a pas tenté cette voie.

— D'autres temps nécessitent d'autres
moyens. Tu sais lire, je pense ?

— Oui, le livre que voici : c'est un don
qu'on fit à Marina; il n'a pas une page qui ne
me soit connue.

— C'est un bel ouvrage !... La nuit est claire,
fais-moi quelque sainte lecture pour calmer
mes sens.

— Volontiers. Que veux-tu que je te lise ?

— Ouvre au hasard, tout est bon; c'est la
Loi de grâce.

Le jeune homme prit le livre, et lut d'une
voix altérée par une émotion dont il ignorait
la cause :

— « L'an quinzième de l'empire de Tibère
César, Ponce Pilate étant gouverneur de la Ju-
dée, Hérode tétrarque de la Galilée, Philippe,
son frère, tétrarque de l'Iturée, de la province

de Traconite, et Lisanias tétrarque d'Abilène,
Anne et Caïphe étant grands-prêtres; Dieu fit
entendre sa parole à Jean, fils de Zacharie,
dans le désert : et il vint dans tout le pays
qui est aux environs du Jourdain, prêchant
le baptême de la pénitence pour la rémission
des péchés, ainsi qu'il est écrit au livre des
paroles du prophète Isaïe; on entend la voix
de celui qui crie dans le désert : Disposez la
voie du Seigneur, aplanissez ses sentiers;
toutes les vallées seront remplies, toutes les
montagnes et les collines seront abaissées; les
chemins tortus seront redressés, et les hommes verront Dieu leur sauveur. »

— Comprends-tu ce passage? demanda
l'étranger d'un ton de voix qui s'insinuait au
fond de l'âme. Allons, explique-moi ce que le
prophète entend par la voie du Seigneur.

— C'est à la fois le temps passé, le temps
actuel, et les temps qui suivront jusqu'au
règne de Dieu.

— Alors, comme le dit l'apôtre, toutes les
vallées seront remplies, toutes les montagnes
seront abaissées. Mais jusque-là, c'est notre

devoir de contribuer à disposer la voie du Seigneur avec les instruments que le temps place entre nos mains. La guerre est aujourd'hui le moyen d'aplanir les sentiers.

— La guerre! quand le Christ a désarmé l'apôtre!

— Oui, les premiers chrétiens ne devaient employer que la douceur, la patience et la persuasion pour propager leur foi sur la terre. Mais autre chose est de l'y maintenir. La religion, faite pour l'homme dans le temps, est sujette à la loi du progrès et de la succession. Lorsque Dieu a parlé dans le temps, il a parlé la langue du temps et de l'homme. L'esprit contenu dans la lettre se développe, et la lettre est abolie. La plénitude des facultés humaines sera la plénitude de la religion (1).

— Je ne te comprends plus.

— Je le crois, je cesse de te parler la langue du temps. Comment comprendrais-tu ce qu'on dira dans l'avenir, quand tu ne sais pas même ce qu'on a voulu dire dans le passé.

(1) BALLANCHE : Essais de Palingénésie sociale.
(*Note de l'Auteur.*)

Mais regarde, aperçois-tu dans la plaine les
feux allumés par les troupes de Valentinois,
maître de la Romagne au nom de l'Église?...
Eh bien! s'il venait te dire : Une de ces
grandes villes que tu vois sera ton partage,
livre-moi ta montagne....

Agosto indigné allait répondre, mais le regard de l'étranger l'intimida, et un rire étrange
accompagna quelques paroles ironiques par
lesquelles il cherchait à faire excuser cette
épreuve; le jeune homme s'éloigna de lui.

— Tu m'effraies, dit-il, que veux-tu donc
de moi? L'on m'a conté des histoires bien terribles qui ont eu lieu sur cette montagne:
l'ennemi du genre humain prit, dit-on, pour
tenter nos ancêtres, la figure des rois, des
proconsuls; il est apparu sous la mitre d'or
des évêques, et sous le sombre capuchon de
l'anachorète.... Je tremble malgré moi, quoique le recteur de Saint-Jean *sotto le penne*
m'ait démontré l'absurdité de ces fables grossières.

— Non, mon bel ami, ce qui vous semble
aujourd'hui des fables, fut autant de vérités

autrefois, et peut-être un temps viendra où
la guerre ne sera plus regardée que comme
une tradition des poëtes, contestée par les archéologues; alors la plaine et la montagne seront confondues, alors seulement tous les
hommes verront Dieu leur sauveur.

— Es-tu donc un ministre de l'Évangile,
toi qui l'expliques avec tant d'assurance?

— Non, non, bel enfant; je ne suis qu'un
pauvre soldat.

— Et que viens-tu donc chercher sur ce
mont aride? rien ici n'offre de chances favorables à l'esprit aventureux de tes pareils.

— Ce que je viens chercher, tu vas l'apprendre. Mais réponds, tu tiens donc beaucoup
à ta montagne?

— C'est ma patrie, ma seule famille.

— Non, beau fils, non; le secret de ta naissance m'appartient, et le moment est arrivé
de te le révéler.

— Il est vrai, tu as déjà parlé de mon
père.... Pourquoi l'ai-je oublié? Tu as parlé
de mon père, et j'ai pu rester aussi long-temps
seul avec toi sans chercher à connaître l'au-

teur de mes jours!... Pardonne, bon étranger;
aujourd'hui la patrie devait m'occuper tout
entier, elle qui a tant de droits à ma reconnaissance....

— J'aime et j'approuve ces sentiments,
beau fils; mais celui que les mains paternelles
n'ont jamais pressé, sait-il quels devoirs impose ce lien sacré, cette sainte autorité de
père?

— Nul ne les ignore ici : amour, respect,
soumission.

— Bien, bien. Ce n'est pas en vain, je le
vois, que j'ai déposé ton berceau dans le
sanctuaire de la montagne; mes vœux sont
remplis.

—Toi! toi! s'écria-t-il; tu fus ainsi l'arbitre
destinée? Ah! n'arrête pas plus long-temps les
battements de mon cœur.

— Eh bien donc, Agosto, embrasse ton
père....

—Toi! toi!... Pourquoi ne l'ai-je pas deviné?

— Oui, beau fils, je suis ton père. Forcé
de confier ton enfance à des mains étrangères, j'ai voulu qu'elles fussent pures.

Agosto se précipita dans les bras de l'é-
tranger, et des larmes coulèrent de ses yeux.
Ce moment, qu'il avait souvent désiré dans
ses rêves, il venait enfin relever son âme, en
augmenter la fierté naturelle, et l'avenir l'é-
clairait tout à coup, l'avenir qu'un voile sombre avait obscurci jusqu'alors.

— Mon père! mon père! répétait-il en se
livrant à la joie la plus vive, comme s'il ne
pouvait se lasser de dire ce mot.

— Oui, je le suis; et pour te voir, Agosto,
pour jouir un instant de ces douces étreintes,
j'ai bravé des obstacles, j'ai franchi des dis-
tances.... Alors je ne pensais pas que ce moment de bonheur dût avoir des résultats terribles.

— Que dis-tu? Dieu saint! quel trouble
soudain passe dans mon âme! Explique-
toi.....

— Ma parole solennelle est donnée, cher
fils; si je ne suis dans la plaine avant le lever
du soleil, ma honte et ma mort s'ensuivront.

— Qu'entends-je!

— On a clos le champ où je suis appelé à

venger mon honneur outragé.... Au moins,
disais-je, si mon bras trahit mon courage,
j'aurai vu celui qui me doit ses jours. Je voulais puiser dans ta présence un motif d'aimer
la vie, et des forces pour la défendre contre
mon ennemi.

— Quoi! seul à seul! chercher à donner la
mort!... Nous ignorons de tels usages sur
notre montagne. Que le ciel m'aide! Ne de-
vais-je connaître mon père que pour le pleu-
rer!... Cet étrange combat est-il donc approuvé
par les hommes sages?

— On l'appelle le jugement de Dieu.

— C'est profaner son nom.

— Beau fils, depuis que les hommes sont
réunis en société, tout ce qui a le caractère
d'une loi, tout ce qui impose le respect à ce
qu'on appelle un peuple, est d'essence divine :
chevalier, je dois suivre les mœurs de mes
pairs; Dieu et l'épée, voilà notre maître et
notre droit.

— Chevalier! c'est grand honneur, à ce
qu'il me faut croire; mais si l'honneur est
grand, le titre oblige à de pénibles travaux.

d'après ce qu'on m'a conté de la chevalerie.

— Aimer son Dieu....

— Protéger le faible contre le puissant,
réprimer l'injustice, venger l'opprimé, être
fidèle à ses serments, et ne forfaire jamais.

— Bien dit, beau fils; nous te chausserons
l'éperon quand l'âge t'aura fait homme.

— Sur notre montagne, tous sont hommes
et chevaliers quand ils savent distinguer le
bien du mal.

— Agosto, ton père t'offre un champ plus
vaste pour signaler ton bras dans les batailles,
et la justesse de ton esprit dans l'administration civile.

— Que le ciel m'aide! Seigneur mon père,
je ne quitterai pas le mont où je fus nourri;
pendant quinze ans la tendresse de Marina ne
s'est pas démentie un seul jour, je ne l'aban-
donnerai pas avec ingratitude; elle seule doit
être ma mère, elle seule en a rempli les devoirs et pris toutes les peines.

— Quoi! tu ne désires pas de connaître celle
qui t'a porté dans ses flancs?

— Elle a pu vivre sans son enfant.

Il se fit un moment de silence. L'étranger retomba dans une profonde méditation ; son regard fixe et morne peignait alternativement la crainte et l'audace. Mais le jeune homme, partagé entre le sentiment de la patrie, si puissant sur son âme, et le sentiment tout nouveau, mais imposant, qu'il éprouvait pour son père, passait de l'émotion la plus vive au calme le plus stoïque. Ses devoirs comme citoyen et comme fils semblaient se combattre en lui.

Cependant la pâleur de Lenzoli, sa respiration précipitée étaient des indices certains des mouvements rapides et successifs qui agitaient son sein.

Il prit la parole :

— Agosto, il faut que je descende dans la plaine ; le temps s'écoule promptement auprès d'un fils : le jour ne doit pas me surprendre dans tes bras.

— O mon père, répondit le jeune homme en pâlissant à son tour, nul hôte, nul habitant ne doit quitter cette enceinte.

— Sauve-moi, dit l'étranger dont l'agitation redoublait; je t'en prie, je te l'ordonne.

— Les magistrats ont rendu leur décret.

— La voix de la nature se fait entendre : tu sauveras ton père.

— La porte est gardée.

— La fuite n'est pas impossible, s'il existe quelque brèche, quelque issue du côté des pics.

— Il n'est aucun moyen d'évasion; la nature et l'art ont rendu cette place inaccessible.

— Il ne s'agit pas d'y monter, mais d'en descendre... La nuit nous protége.

— Une mort certaine serait le prix de ce téméraire dessein.

— En ce cas voilà de l'or; cours aux gardiens, donne et promets.

— Ce serait me charger d'une mission inutile.

— Préfères-tu m'exposer à la honte, peut-être à la mort? seras-tu parricide?

Ce mot terrible produisit sur le jeune homme une impression si vive, qu'il sortit

subitement de l'accablement dans lequel il
était plongé.

— Non, non, s'écria-t-il ; tes pas fouleront
la plaine avant le lever du soleil ; rien n'est
impossible ici pour la vertu : attends, espère.
Que le ciel m'aide !

Et après avoir pressé dans ses bras l'étranger surpris, il sortit précipitamment et dispa-
rut dans les ténèbres.

IX.

Livrée à un sommeil pénible que trou-
blaient de funestes images, Marina s'éveille
inquiète, à la clarté de la lampe qui vient tout
à coup montrer à ses regards le visage pâle et
agité d'Agosto. Elle se lève, comme un spectre enveloppé de son linceul.

— Qu'y a-t-il ? dit-elle en respirant à peine.
Qui peut te ravir au repos la veille d'un combat ? C'est la première fois que tes yeux sont
ouverts à cette heure.

— Marina, l'étranger...

— Eh bien ! parle.

— Tu le connaissais avant ce jour ?

— Oui.

— Tu trembles !... Que peux-tu craindre de
lui ? Sais-tu que c'est mon père ?

— Il te l'a dit !

—Et je l'ai cru au respect qu'il m'impose.

— Oui, tu lui dois la vie; mais c'est par un crime...

— Q'importe! il est mon père.

— Agosto, cher enfant, ne le suis pas dans la plaine, je t'en conjure à genoux ; prends pitié de mes larmes, ne quitte pas ta patrie ! Qu'a-t-il fait pour toi, cet homme au cœur impitoyable qui veut t'arracher à ma tendresse?... Agosto, pourquoi lèves-tu sur moi ce regard sombre ?... Il est vrai, une fille de la montagne fut séduite loin de la tombe du saint protecteur; elle te conçut dans son sein...

— Parle, parle vite, les moments sont précieux.

— C'était à Pise; il était jeune, sa voix douce ne promettait que du bonheur.

— Poursuis.

— Mais délaissée, elle revint ici cacher sa honte.... Agosto, laisse-moi te presser de mes bras... Ne crois pas à ses promesses... Hier, un messager est venu m'annoncer sa visite... La malheureuse rêvait encore le bonheur........

C'était pour commettre un autre crime qu'il gravissait cette hauteur sacrée... Oh! ne pars point!...

— Te quitter! s'écria le jeune homme en la ranimant de ses caresses; non, tu ne l'as pas pensé. Te quitter! ma mè.... Marina; non, jamais : tu m'es nécessaire comme l'air de la montagne; tu sais bien que la patrie est une mère chérie qui n'a que des vertus, et ce n'est pas à moi qu'il appartient de juger celle qui m'a porté dans son sein.... Mais je dois sauver mon père....

— Le sauver! court-il quelque danger?

— L'honneur l'appelle loin de ces lieux avant le jour, et tu sais qu'il est sévèrement défendu d'en laisser sortir personne avant le duc d'Urbin.

— Agosto, la voix des magistrats est celle de Dieu.

— Ne crains rien, je ne donnerai pas l'exemple de l'insubordination aux lois: maintenant, bonne Marina, tu peux dormir tranquille; le fils adoptif de San-Marino remplira tous ses devoirs.

—Oui, tu les rempliras tous, et mon cœur est content.

Agosto s'éloigne et va frapper à la porte de celui des deux capitaines dont la haute sagesse assure une juste influence dans toutes les affaires de l'État. L'âge a blanchi ses cheveux, mais son cœur est toujours jeune, et tandis que les habitants goûtent en paix les douceurs du repos, il veille encore. Dans la même chambre, Guidobaldo, cédant à la fatigue, dort le front appuyé sur ses mains ; une lampe vacille, prête à s'éteindre ; le regard fixe, la tête inclinée de l'auguste vieillard, annoncent une méditation profonde ; et le jeune homme a pénétré jusqu'auprès de lui sans que le bruit de ses pas pût le distraire.

— Mon père, dit Agosto en s'inclinant devant le magistrat, pardonne-moi de venir troubler le silence de ta demeure.

— C'est toi, jeune homme, répond le vieillard ; que me veux-tu à cette heure ? Je n'ai point entendu la cloche sonner le glas du danger. Réponds, et parle bas, car tu vois notre hôte.... pour un moment il oublie ses peines royales.

— Crois-tu, noble citoyen, que le cœur du fils adoptif de la patrie puisse concevoir la trahison?

— Si nous ignorons de quel sang il est issu, nous l'avons vu grandir sous nos yeux; il est le frère de nos enfants, il est l'élève de nos institutions: explique-toi.

— Un ennemi puissant occupe la Romagne et menace l'indépendance de San-Marino; notre protecteur court de grands périls.

— Des mesures sévères et prudentes ont nécessité la surveillance des étrangers qui se trouvent dans nos murs, et l'emprisonnement de tous ceux qui semblent suspects. Les troupes de Borgia n'apprendront le départ du duc que quand il aura échappé à leurs coups; mais le mystère le plus profond peut seul faire réussir ce plan, protéger la phalange san-marinoise et la fuite de Guidobaldo. Tu comprends?... pourquoi vois-je rouler des larmes dans tes yeux; toi dont le sang bouillonne à l'idée d'une bataille?...

— Il est sur la montagne un étranger...
Écoute, sage magistrat, cet étranger, c'est
mon père, et je l'ai vu presser mes genoux ;
il m'a supplié quand la nature lui donne le
droit de commander.

— Ton père, Agosto ? il ne s'est pas fait
connaître à tous...

— Mais à moi seul, et le mystère de ma
naissance sera respecté. C'est pour moi seul
qu'il a franchi la montagne au moment où sa
vie est exposée aux chances d'un combat singulier... L'honneur l'appelle en champ clos
au jugement de Dieu, loin d'ici, dans la plaine ;
si le soleil le voit parmi nous, la honte couvre à jamais son nom parmi les chevaliers.
Il demande à partir à l'instant même.

— Un duel ? funeste coutume ! l'homme
agité par la passion juge dans sa propre
cause !... Jeune homme, cet étranger est ton
père, il t'a supplié dis-tu ; la nuit est claire,
et tu connais le chemin des pics.

— C'est mon père ; mais fût-il plus encore,
il est étranger : il ne doit point connaître

le moyen de pénétrer secrètement au sein d'un État qui n'a jamais reconnu de maître.

—Viens, enfant sublime, citoyen de la montagne; viens sur le cœur d'un vieillard prêt à mourir, heureux de voir se perpétuer les vertus de nos ancêtres : oui, l'étranger descendra.

— Mais, sage magistrat, ne sera-ce point compromettre la patrie?

— Elle a des bras pour défendre son indépendance.

— Et la cause de notre ami? et l'importance de son départ pour Venise?

— Mon fils, nous ne saurions trahir le prince poursuivi par l'infortune.

— Le trahir!... Mais Dieu m'inspire, tous deux seront sauvés.

Un geste d'une éloquence mystérieuse révéla au vieillard étonné le projet du jeune montagnard; il en approuva la généreuse résolution.

— Va donc, dit-il; épargner une goutte de sang, c'est être agréable à Dieu : va, mon fils; je t'attends à la porte de la ville.

— Que le ciel m'aide! répondit Agosto en baisant la main du capitaine.

Et il rejoignit l'étranger.

X.

— Calme cette impatience, mon père; que
le sang-froid et la prudence reprennent dans
ton âme leur place accoutumée; l'honneur
sera satisfait; suis-moi...

Le Pisan s'enveloppa de son manteau, et il
marcha en silence, une main sur l'épaule de
son fils, l'autre sur son poignard. Tout à coup
il s'arrêta et dit :

— Que te donnerais-je qui pût te plaire ?
Parle, demande; l'or d'une province ne paierait
pas ta vertu.

Agosto saisit sa main et la baisa avec transport.

— Je n'ai qu'une chose à souhaiter, quand la
mort plane sur la tête de mon père, répondit-il:
que cette main défende tes jours, qu'elle trace

ensuite cette heureuse nouvelle, et mon cœur
ne battra plus que pour l'espoir de la presser
encore de mes lèvres.

— Tes vœux seront exaucés. Mais un mot...
Quel moyen as-tu donc employé pour sortir
de cette enceinte ?

— J'ai répondu de toi sur ma tête.

— Marchons, tes jours seront en sûreté...
Ce n'est donc pas une chimère que la voix du
sang!...

Ils arrivèrent à la porte de la ville; le magistrat s'y trouvait au milieu d'un groupe de
citoyens.

— Lenzoli de Pise, dit-il avec gravité, le gouvernement de San-Marino, paternel de son
essence, sait entrer dans tous les détails de la
vie privée; la seule chose qu'il ne puisse
comprendre, c'est la trahison. Une circonstance solennelle t'appelle dans la plaine au
lever du soleil, pars. Cette porte fermée pour
tous va s'ouvrir pour toi; quelques citoyens
vont même protéger ta retraite jusqu'aux premiers campements des troupes de Valentinois:
il ne sera point dit que, dans cette commune.

10.

l'hospitalité qu'on exerce comme un devoir
aura été funeste à un étranger. Le prince
malheureux qui est au milieu de nous doit
intéresser les peuples et les puissants, car
Borgia ne met pas de bornes à son ambition.
Parle de Guidobaldo et de son infortune; sa
cause est celle de tous les cœurs généreux : elle
est devenue la tienne, nous aimons à le croire.

— Bon vieillard, vénérable chef d'hommes
libres, si la fortune ne trompe pas mes projets,
je reviendrai un jour sur cette crête où le
Dieu des chrétiens a des serviteurs zélés.
Les courts instants que j'ai passés parmi eux
ne seront pas perdus pour l'avenir, et le service
signalé que je reçois en ce moment lie à jamais ma destinée avec la leur... adieu. Le duc
d'Urbin descendra, je l'espère; le courage
des San-Marinois lui ouvrira un passage jusqu'à la mer de Venise. Mais le jour va venir,
je dois hâter mes pas : rappelez-moi au souvenir
du citoyen de Florence..... Au revoir, hommes
de la montagne : les peuples et les puissants
apprendront par ma bouche à louer vos
vertus.

La porte roula sur ses gonds, les citoyens
qui formaient l'escorte en passèrent le seuil, et
Agosto, tout en guidant les pas de son père,
retourna la tête vers le groupe d'habitants au
milieu desquels le magistrat se trouvait encore.
Le visage de ce sage, éclairé par des flambeaux
de pins résineux, brillait de joie; il sembla
appeler sur la tête des voyageurs les bénédictions du ciel, et le jeune homme, le cœur
gonflé d'une sainte émotion, se courba comme
pour recevoir sa part dans les vœux du vieillard. Pour la première fois il descendait dans
la plaine; tout ce qu'il éprouvait avait pour
lui le caractère imposant d'un premier sentiment : le calme de la nuit, le bruit cadencé de
leurs pas, le souvenir de Marina, l'importance
de cette excursion nocturne, et la main de son
père qui pesait sur son épaule comme un devoir sur une conscience pure, se confondaient
pour cette âme vierge dans une même sensation, vague, sainte, indicible. Il soupira.

— Beau fils, ton cœur est oppressé, dit
l'étranger en rompant le silence solennel qui

ajoutait à cette scène majestueuse; et son regard étincelait dans la nuit comme celui d'un
chat sauvage.

— Seigneur mon père, répondit Agosto,
je ne pense pas que personne soit en droit de
m'accuser d'avoir commis une faute.

— Non, non, par saint Pierre et saint Paul!
Nous voilà hors de ce nid d'aigle; je ne pensais pas qu'il fût plus difficile d'en descendre
que d'y monter.

En ce moment un bruit assez rapproché se
fit entendre; il porta la main sur son poignard,
et l'escorte s'arrêta.

— Qu'est cela? sommes-nous déjà si près
des troupes de Valentinois? dit le citoyen.

— Ont-elles monté si haut? ajouta Agosto.
Que faire? comment poursuivre notre course?

— Marcher sans craindre, répliqua l'étranger. C'est une bonne arme qu'un poignard...
Mais, beau fils, ne saurais-tu quelque chanson
de ta montagne? les soldats ne se défient pas
du villageois qui chante.

— Je ne sais aucune chanson, mon père.

— Chante toujours, et, sur l'air de ta patrie, dis au moins les premiers mots venus;
fredonne ceux-ci :

Andar sempre
Finch' esser re.

Agosto chanta ces paroles d'un ton lent et
triste; sa voix tremblait d'émotion; son regard semblait percer la clarté douteuse et
consulter toutes les sinuosités de la route; il
plongeait tantôt d'un côté, tantôt de l'autre,
dans les gorges de la montagne : tout à coup
il vit briller des lances si près de lui que la
voix lui manqua. L'étranger, sans lui faire le
moindre reproche, répéta, mais sur un air
différent, les paroles qu'il avait lui-même
indiquées, et les voyageurs craintifs traversè-
rent une espèce de champ où des soldats se
trouvaient campés, sans qu'on les arrêtât,
sans qu'on parût faire attention à eux, et
parfois quelques sentinelles immobiles les re-
gardaient froidement passer.

Cependant le jour commençait à poindre;
la pente de la montagne devenait de moins

en moins rapide, les postes de soldats étaient
plus rapprochés et plus nombreux: le Pisan
continuait de chanter d'un ton rude, comme
un homme peu accoutumé à cet exercice; les
soldats curieux se levaient pour entendre,
puis se rendormaient nonchalamment; quelques-uns repétaient :

Andar sempre
Finch' esser re

comme des mots connus et mystérieux à la
fois. L'insouciance apparente de gens dont la
mission était de garder le chemin de San-
Marino fit naître quelques soupçons dans l'esprit d'Agosto ; il les repoussa aussitôt en ser-
rant la main de son père. Mais son regard se
portant en même temps sur les montagnards
qui marchaient devant eux, il baissa tristement la tête, et sembla un moment lutter
contre de sombres pensées.

— Seigneur mon père, dit-il, en sortant
tout à coup de sa rêverie, voilà la plaine et
le jour; bénis-moi : les citoyens de la montagne sont attendus là-haut....

— Qu'importe ! répondit l'étranger, d'un ton bref.

Le jeune homme frissonna.

— Seigneur ! j'ai promis ma vie pour toi.

— Veux-tu donc la perdre en remontant sur ta roche stérile ?

— Dieu tout-puissant ! s'écria-t-il involontairement ; la cause du duc d'Urbin serait-elle compromise ?

— Ah ! ah ! ah ! beau fils, la guerre a bien des ruses, répondit l'étranger en riant d'un rire sardonique.

—Mon serment.... J'ai juré, seigneur....

— Nous arrangerons cette affaire à Rome avec notre très saint Père.

— Marina... Marina !

— Enfant, tes cris sont impuissants... on doit oublier sa nourrice quand la raison parle ; il faut obéir à son père, tu le sais bien.

— Que vais-je devenir !

— Ce qu'il me plaira d'ordonner.

— Et ces braves montagnards ?

— Qu'importe !

L'impatience et le dédain donnaient à

cette exclamation quelque chose de majestueux.

Alors un éclair d'espérance brilla dans les yeux du jeune citoyen.

Ils arrivèrent bientôt près d'une place où plusieurs chemins aboutissaient; là, un groupe d'officiers semblait attendre. En l'apercevant, le Pisan, se dégageant de son manteau, s'offrit à eux, et les marques du plus profond respect lui furent données.

— Chevaliers, leur dit-il, je vous amène un jeune sauvage qu'il faut apprivoiser dans l'art de la guerre.

Puis s'adressant à l'escorte :

— Citoyens, ajouta-t-il, le chemin de la plaine est ouvert devant vous; quant à celui de la montagne, il serait inutile de tenter d'y gravir en ce moment: cependant, si vous le pouvez jamais, faites mes compliments au duc Guidobaldo et à l'illustre citoyen de Florence.

— Amis, s'écria Agosto en pâlissant, fuyez, fuyez; nous sommes prisonniers de Borgia.

Les San-Marinois disparurent. Quelques

soldats voulurent les rejoindre, mais un
geste de l'étranger les arrêta.

— Beau fils, dit-il, te voilà en effet dans les
griffes du vautour; mais, par saint Pierre et
saint Paul! remercies-en Dieu et madame la
Vierge. Jamais événement plus heureux ne
pouvait t'arriver. Holà! chevaliers, un casque
dont le poids fasse relever cette tête si fière
sur la montagne; un palefroi bien doux
comme s'il dût porter notre saint Père... Du
courage, ami, tu reverras ta montagne; en
attendant, prends cette épée pour orner ta
ceinture et pour défendre tes jours.... Monsieur de Bayard, vous l'armerez chevalier
quand il aura donné sur le champ de bataille des preuves de sa bravoure..... Eh bien,
que signifient ces sombres regards, ami?
N'as-tu donc pas un mot à dire pour remercier les hauts et puissants seigneurs
qui se donnent la peine de transformer un
rustre en guerrier? Par la sainte Madone! j'ai
pris trop tôt bonne opinion de toi... Chevaliers, notre ami le duc d'Urbin nous fera

l'honneur de descendre ce matin accompagné
des montagnards; apprêtez-vous à le bien
recevoir; j'espère que nous aurons long-temps
le plaisir de sa compagnie... Les hommes de
là-haut sont un peu rudes dans leurs manières, mais nous leur apprendrons à vivre...
Eh bien, notre jeune ami, que regardes-tu
donc toujours de ce côté? tes rustres? ils sont
loin de par Dieu! Allons, monte sur ce cheval,
et tu pourras les voir courant dans la plaine
comme des daims pourchassés. Par notre
saint Père! nous choisirons à l'avenir nos
coureurs parmi les hommes libres de San-
Marino.

Agosto monta sur le cheval et continua de
regarder avec anxiété; ses compagnons ga-
gnaient du terrain, et s'approchaient du ri-
vage; rien ne pouvait le distraire de ce spectacle, et son sein soulevé, sa bouche haletante,
peignaient toutes ses craintes... Tout à coup
il poussa un cri de joie...

— Sauvé! sauvé! s'écria-t-il involontairement; que le ciel m'aide à présent.

— Sauvé? répéta son père; qui, sauvé?

— Le duc d'Urbin.

— Le duc? par Satan! damnation!

— Seigneur mon père, la guerre a bien des ruses!

XI.

Sur la grève où les évêques orthodoxes, au IIe siècle, se retirèrent durant le concile de Rimini, et délibérèrent sur les moyens d'extirper l'arianisme; à l'extrémité du village qui, dès lors, prit le nom de *Cattolica*, s'élevait un bâtiment dont l'architecture massive, à murailles crénelées, annonçait la demeure d'un haut et puissant seigneur; les eaux de l'Adriatique baignaient les vastes fossés de cette forteresse, construite à la fin du XIIIe siècle par le fameux Guido de Montefeltre, pour tenir en respect les Malatesta, chefs du parti guelfe dans la Romagne.

Le pont-levis était baissé; au-dessus de la principale porte l'œil voyait flotter une longue bannière pourpre, et on y lisait ces mots :

Aut Cæsar, aut nihil. Des sentinelles ne veillaient pas sur les tourelles; quelques hommes
d'armes faisaient seulement un service d'honneur dans une première cour, et, comme dans
la résidence des monarques, il était permis à
tous de pénétrer librement sous le portique
intérieur qui entourait de ses ogives dentelées
un jardin où des fontaines d'eau pure entre-
tenaient une belle végétation : l'argent des
fleurs et l'or des fruits formaient, avec la ver-
dure foncée des orangers et des citronniers,
des massifs gracieux sur lesquels on aimait à
reposer ses regards en oubliant les murs ari-
des qui les avaient attristés à l'extérieur.

Mais avant d'arriver au pied de ce château
d'un abord en apparence si facile, il fallait
traverser un vaste camp où régnait une po-
lice sévère pour ceux qui n'en faisaient point
partie; et nul ne franchissait la rangée de
tentes qui en formait l'enceinte sans s'être
préalablement soumis aux investigations scrupuleuses de l'officier ou maître de camp de
service.

L'armée qui occupait les entours de la for-

teresse se composait d'un ramas d'hommes
dont l'idiome, la physionomie et le costume
offraient des contrastes bizarres, assemblage
varié, comme ces mosaïques que le laboureur
rencontre avec sa charrue sous les ruines des
villas antiques. Là, des soldats de nations différentes, conservant les habitudes particulières
à leur pays, en signalaient les qualités et les
vices. Des lansquenets allemands, aux chaires
tendues et blanches, aux cheveux roux, man-
geaient lentement et commodément avec le
silence nécessaire à toute opération importante; si quelques sons mal articulés sortaient
d'une bouche pleine, pendant ce cinquième
repas, que les italiens plus sobres appelaient
en riant *la crepazzione*, c'était pour exprimer
le regret de ne pouvoir faire davantage. La
troupe allemande se montrait du reste pendant le repos ce qu'elle était dans la mêlée,
impassible comme une muraille. Plus loin, de
gaies chansons, des cris de joie annonçaient
les jeux des nombreuses compagnies françaises : ces jeux retraçaient encore l'image
des combats. Toujours actifs, les sujets du

roi Louis se délassaient des fatigues de la
guerre par un babil continuel, par des récits
exagérés durant lesquels le cœur brûlait du
désir d'imiter les prouesses des chevaliers
favoris de la gloire et des belles, dont l'histoire formait les sujets de quelques longues
ballades. D'un autre côté, des Espagnols cou-
chés nonchalamment, comme le lion en repos,
promenaient alternativement du ciel à la terre
leurs yeux à demi fermés par la langueur;
mais sous cette enveloppe tranquille bouillait
un sang rouge et chaud comme la lave d'un
volcan; et une imagination fantasque agitait
un cœur toujours mobile : chez ces hommes
dédaigneux et fiers, aucun sentiment ne s'exhalait en vaines paroles. Au bout du camp, quatre mille Suisses, sous le commandement de
Bessey, baron de Trichatel et bailli de Dijon,
s'enivraient en songeant au pillage. A l'exception de ces derniers, dont le costume, moitié
rouge et moitié jaune, présentait de loin l'aspect d'une longue pièce d'étoffe rayée, toutes
ces troupes, vêtues à peu près de la même
manière, n'offraient que de très légères dif-

férences dans la couleur et dans la forme des
habits. Les chefs seuls étalaient un grand
luxe d'armures, d'écharpes et de plumes.

Le reste de l'enceinte était occupé par les
condottieri italiens. Leurs bandes offraient un
autre mélange de physionomies et de costumes divers. L'habitant des Calabres, aux cheveux noirs, longs et luisants, aux regards
sombres, se distinguait par un feutre gris
de forme conique, auquel pendaient des rubans de couleurs éclatantes; ses membres
nus semblaient des jambières et des cuissards
de bronze poli, et la plaque de fer mal jointe
qui couvrait sa poitrine laissait voir les plan-
tes talismaniques auxquelles il confiait sa vie.
Le Romain relevait sa tête aux traits carrés
et fiers : la régularité de son habillement de
couleurs vives montrait que la ville éternelle s'était piquée d'honneur dans l'envoi
de son contingent d'hommes. Le soldat né
sur les côtes de Gênes et de Lucques, ou dans
les plaines lombardes et piémontaises, n'offrait rien de caractéristique; mais le Romagnol
se faisait remarquer par sa démarche mâle,

sa taille élancée, ses traits doux et réguliers,
ses yeux bleus, ses sourcils noirs, sa peau
d'une teinte unie et cuivrée, et par ses longs
cheveux ondulés, dont la couleur se confon-
dait avec celle du visage : son esprit simple
et sa foi sincère conservaient ses mœurs même
au sein de la licence effrénée qui régnait dans
le camp. Au milieu du désordre inévitable
d'une armée en marche, l'homme, livré à ses
passions, n'a d'autre frein que celui de la
discipline militaire; et l'exactitude pour tout
le bien qui est ordonné semble trop souvent
le manteau qui couvre tout le mal qui n'est
pas défendu.

Dans une tente un peu plus apparente que
les autres, des officiers subalternes étaient
rassemblés; ils se montraient plus policés;
leurs formes se rapprochaient davantage entre elles, quoiqu'ils fussent de nations différentes; mais si leur extérieur était moins rude
que celui de la soldatesque, leur langage avait
toujours l'énergique franchise de cette classe
vassale. L'éducation ne les avait point habitués
à ne pas tout dire; mais la sphère de leurs

idées, agrandie par le contact des hommes de
la caste noble, leur faisait au moins tout dis-
cerner. Là, le mal avait déjà une forme moins
repoussante ; et le mot de politique, compris
dans son acception la plus fausse, trompait
le bon sens sur la nécessité des actions, et
satisfaisait l'intérêt personnel dans toutes ses
exigences.

— A la santé du roi Louis XII, père du
peuple! dit un Français en élevant son verre.

— *Ia*, *ia*, répondit un Suisse, dans un jar-
gon composé de plusieurs langues, *perche* lui
avre fait venir nous *per rovinare* ce *liebe* pays.

—Et pour servir aussi son bon ami le duc
de Valentinois, ajouta un Italien, le grand
César, fils de notre très saint Père; que Dieu
les conserve!

— L'époux de notre princesse d'Albret,
sœur du roi de Navarre! poursuivit un Gas-
con.

La confusion régnait sous la tente, et ces
agents de la volonté des princes buvaient, ju-
raient et parlaient tous à la fois à qui mieux
mieux.

LE FRANÇAIS.

Maintenant, messieurs, si vous le trouvez bon. à la santé de notre commandant, le brave baron d'Allègre.

LE SUISSE.

Ia, ia, perche lui *avre* renouvelé *mein* capitulation.

L'ITALIEN.

Toujours prompt aussi pour la gloire de notre mère la sainte Église.

LE FRANÇAIS.

A nos succès!

LE SUISSE.

Ia, pe. che j'avre part au butin.

L'ITALIEN.

Et moi de même.

UN SECOND FRANÇAIS.

Eh bien, *signori*, qu'y a-t-il de nouveau dans le camp?

L'ITALIEN.

Son excellence le duc de Valentinois a reçu ce matin les félicitations des chefs de son armée.

LE SECOND FRANÇAIS.

Pour quel sujet ? A-t-il gagné quelque bataille à lui tout seul ?

UN SECOND ITALIEN.

Je l'ignore ; mais il était magnifiquement
vêtu, et avait une belle croix sur la poitrine.

LE FRANÇAIS.

Le collier de saint Michel ; notre roi l'en
décora pendant son séjour à Paris.

UN NAVARRAIS.

Et il le portait à Pau le jour de ses fian-
çailles.

UN ALLEMAND.

Saint Michel être représenté à cheval, combattant le diable.

LE SECOND FRANÇAIS.

Qui est à pied comme un lansquenet. Bien,
bien ! qui se ressemble s'assemble, comme dit
le proverbe.

LE FRANÇAIS.

Doucement, camarade ; nos amis ont la
main prompte : ils ne cherchent d'ailleurs
que les occasions de nous prouver l'agilité de

leurs mouvements, et quand leur stylet sort
de la gaine, il frappe juste.

LE SECOND FRANÇAIS.

Je n'aime pas, moi, leur Borgia : moitié
clerc et moitié soldat, il n'y a que pour lui.

LE SUISSE.

Et cela être pas bien, *in verità* ; moi je
compte sur le partage.

UN GÈNEVOIS.

Quod clerici capiunt, raro dimittunt, comme
disait un savant docteur de notre ville. Le
clerc domine toujours le soldat, quand le
soldat ne domine pas le clerc.

UN ITALIEN.

Les Borgia sont de grands génies !

LE SECOND FRANÇAIS.

Oui, pour s'emparer du bien d'autrui, quoiqu'il soit écrit : *tu ne voleras point* ; pour profiter des sottises qu'ils conseillent en maîtres
habiles. Le roi Louis nous paie, César Borgia
profite ; nous prenons des villes, César Borgia
les garde ; et pendant que nous nous battons
pour lui, on nous taille des croupières en Lombardie, et, devant nous, Gonsalve et le Catho-

lique (1) pelottent en attendant partie. Par
saint Martin de Tours! tout cela est bien
étrange. J'aimerais mieux être mitraillé sous
les ordres du duc de Nemours, en soutenant
le bon droit de la France et du roi, que de
m'enivrer plus long-temps des vins plats de
ce pays.

L'ITALIEN.

Patience! nous en boirons quelque jour de
Montefiascone et d'Orvietto.

LE SECOND FRANÇAIS.

Non, mais de Lacryma-Christi, s'il plaît à
madame la Vierge.

L'ITALIEN.

Sans doute; mais s'il plaît aussi à notre
très saint Père.

LE FRANÇAIS.

Le très saint Père est du pays de M. Gonsalve, et j'ai entendu dire à notre brave chevalier Bayard que le diable était d'origine
espagnole. Comprenez-vous, *signor?*

(1) Ferdinand, roi d'Espagne et père de Charles-
Quint.

(Note de l'Éditeur.)

L'ITALIEN.

Ces Français ont toujours quelques jolies petites choses à raconter.

LE FRANÇAIS.

Mais nous avons aussi des épées et de longues pertuisanes dont nous nous servons honorablement. Ah! notre bon roi! notre bon roi!

L'ITALIEN.

Fils aîné de l'Église, sujet fidèle du saint-siége, serviteur très zélé du pape Alexandre VI, esclave soumis....

LE FRANÇAIS.

Basta! Notre allié, si tu ne veux que je te bastonne : tu comprends? *(Il fait le geste.)* Allons, messieurs, le roi de France est le maître, et il paie en grand prince les services qu'on lui rend. Madame la reine vaut bien qu'on fasse quelque chose pour elle : la Bretagne, dont elle est vraie duchesse, mangerait le duché de Valence à son déjeuner.

UN ALLEMAND *(en riant)*.

Hé, hé, le repas doit être bon si le pays est grand. Mais le divorce être cher en France, si j'en crois ce qu'on dit à ce sujet.

LE FRANÇAIS.

Quelque prix qu'il coûte, la veuve de
Charles VIII prétend qu'on y gagne encore (1).
Par la Vierge! le devoir d'un roi de France
est d'avoir des enfants, et madame Jeanne,
avec la meilleure volonté du monde, n'était
pas un bon moule, ainsi qu'il est dit dans le
saint grimoire d'Alexandre VI : *Corpore vi-*
tiata, maleficiata, non apta viro.

LE SUISSE.

Alors, moi pas comprendre, *perche* être
obligé de payer.

UN FRANÇAIS.

Toi, pas comprendre, mais toujours prendre.
Louis XII a oublié, en devenant roi, les querelles du duc d'Orléans, mais non pas ses
plaisirs; et, pour arranger ses affaires avec
l'Église, il acheta son divorce trente mille du-
cats, le duché de Valence, une pension de
vingt mille livres, mademoiselle Charlotte

(1) La destinée d'Anne de Bretagne était de ne
pouvoir être mariée qu'à la suite d'un divorce : avant
d'épouser Charles VIII, cette princesse avait été mariée par procuration à l'empereur Maximilien.

(*Note de l'Éditeur.*)

d'Albret, une compagnie de cent lances (1)
et des troupes pour s'emparer de la Romagne.

UN ALLEMAND.

Ainsi les seigneurs de ce pays perdent
leurs états parce qu'une reine de France a
une hanche un peu plus forte que l'autre.

LE SUISSE.

Que c'est heureux !

LE FRANÇAIS.

Pour les pauvres gens que nous harcelons?

LE SUISSE.

Non, *ma* pour ceux qui les harcèlent.

LE FRANÇAIS.

Un Suisse a toujours de l'esprit dans de
pareilles occasions.

(1) *Lance* est un mot collectif qui comprend
l'homme d'armes combattant avec la lance, le coutilier, le page, le valet et les archers. Une lance était
souvent composée de dix cavaliers, sans compter
les gens de pied; de sorte qu'une compagnie de
cent lances était alors un corps de plus de mille
hommes. Cependant Louis XI réduisit par une or-
donnance, en 1474, chaque lance à six chevaux,
l'homme d'armes, le page, le coutilier, le valet et
deux archers montés, qui tous étaient gentilshommes ou censés tels.

(*Note de l'Éditeur.*)

Deux officiers supérieurs entrèrent, et les
ordres qu'ils donnèrent mirent fin à cette
conversation.

L'un de ces gentilshommes était le baron
d'Allègre, l'autre le marquis de Saluces, tous
deux Français. Ils inspectaient le camp; et,
après avoir quitté la tente des officiers infé-
rieurs, ils continuèrent à s'occuper des affaires du temps, et de la position difficile où
se trouvaient les Français en Italie.

— Que faisons-nous ici? dit l'un d'eux; ne
rougissons-nous pas de prêter le secours de
nos bras à César Borgia? Par quelle infâme
trahison il vient de s'emparer du duché d'Urbin! Et c'est notre chef! et nous devons obéir
à ses ordres! Montjoie et Saint-Denis! Bayard
a bien fait de le quitter après lui avoir dit
tout franchement la vérité. Je ne vous le
cache pas, mon cher, et je serais enchanté
que vous voulussiez en faire autant; j'attends
l'occasion d'imiter le preux des preux. Notre
bon prince est dupe; il faut en persuader
l'envoyé Buliot, et quand il connaîtra, comme
nous, tous les détails de la conduite de son

Valentinois, je doute qu'il nous désapprouve
de suivre l'exemple de celui qui est toujours
sans peur et sans reproche.

XII.

Le château que nous avons dépeint était la
demeure momentanée du duc de Valentinois,
et son armée campait aux entours. Arrêtant sa
marche signalée par la conquête, il semblait
vouloir se reposer de sa victoire et respirer
loin des témoignages de respect et de soumission que lui rendaient les villes vaincues. Ce
repos trompeur cachait cependant de nouveaux projets et des vues profondes, car, dans
des entretiens en apparence frivoles et desti-
nés aux distractions, il étudiait la politique
des puissances, il interrogeait les motifs secrets de la condescendance du roi Louis, il
calculait le degré de confiance à accorder aux
Espagnols de Naples, il méditait les ruses de
Venise, et, pour moins se tromper dans ses

calculs, prenant le cœur humain pour base,
il se plaçait dans la situation de chacun en
s'efforçant de s'oublier lui-même : c'est ainsi
qu'il avisait plus sûrement aux moyens de parer aux coups qu'il venait à prévoir; c'est ainsi
qu'on ne pouvait guère tenter d'entreprise
contre lui qu'il n'en eût déjà envisagé toutes
les faces et pour laquelle il ne se fût préparé
à l'avance : tout se courbait devant lui au
vent de la fortune comme naguère au nom
du Christ, quand sous la pourpre romaine il
ombrageait du chapeau de cardinal sa tête
toujours féconde.

Pour ne pas laisser aux peuples le temps
de se reconnaître, le vainqueur de la Romagne s'était avancé rapidement vers la Marche
d'Ancône; il avait d'abord inspiré la terreur;
et maintenant, pour retenir ces belles provinces à peine soumises, combinant un système de sévérité et de clémence, de justice
et de rigueur, il voulait mettre de l'ordre
dans la conquête, et, pour arriver à ce but,
songeant à ravir aux Bentivogli la seigneurie
de Bologne, il pensait que cette ville devait

former la capitale naturelle de ses nouveaux
États... Puis après... car ce n'est jamais assez
pour l'ambition, elle s'augmente à mesure que
les projets réussissent : l'Italie entière tentait
l'œil cupide de Borgia, et son cœur de prince
battait à l'idée de réunir sous une même loi
tant de provinces languissantes.

Les salles délabrées du vieux château
avaient été transformées en appartements
somptueux par les soins des maîtres de cour
du duc, et, selon ses désirs, son cabinet se
trouvait dans une position élevée d'où le regard pouvait planer sans obstacle sur tout ce
qui l'entourait. Deux larges fenêtres avaient
été percées à la hâte et éclairaient une chambre immense où le jour n'avait pénétré jusqu'alors que par d'étroites lucarnes : l'une
offrait, au septentrion, le pays conquis, l'autre, à l'opposé, présentait les nouvelles villes
à conquérir. Deux sentiments contraires devaient le conduire à chacune d'elles ; le passé
ou l'avenir.

Le vandalisme d'une obéissance passive
avait arrangé cette salle avec tout le goût pos-

sible dans une circonstance pressée; les armoiries de la famille de Montefeltre, et d'autres sujets peints sur verre, enlevés à différentes croisées du château, formaient le vitrail de celles
dont nous venons de parler : ouvertes, elles
présentaient un immense horizon; fermées,
elles ne laissaient pénétrer qu'un jour sombre,
favorable à la méditation : mais le bizarre assemblage de leurs vitraux, avec leurs sujets
sacrés et l'écu des seigneurs d'Urbin, avait
long-temps occupé la pensée de César Borgia,
quand il y fut entré; il avait éprouvé un de
ces moments de mélancolie vague, de lassitude
morale, durant lesquels l'âme se dégage de ses
liens terrestres; il avait songé aux vanités qui
donnent tant de peines et si peu de bonheur;
il avait fait un retour sur sa vie, et ouvrant
alors une des fenêtres, il avait fixé un regard
attristé sur le mont Titan. Dans cet instant,
partagée par de légers nuages, cette montagne
élevée semblait une patrie intermédiaire entre
le ciel et la terre. Borgia s'était rappelé que
le dévouement d'un jeune citoyen de cette
montagne venait de lui ravir une de ces occa-

sions que la fortune n'offre pas deux fois pour
se défaire d'un prince redoutable : le caractère
de Guidobaldo effrayait plus l'esprit de Valentinois que le duché d'Urbin ne charmait
son ambition.

— Un de ses ancêtres, pensait-il en laissant
ses rêveries errer mélancoliquement sur de
tristes sujets, un Montefeltre a élevé ces murailles ; mais revenu de cette brillante décep-
tion qu'on nomme la gloire, il a fini ses jours
sous le cilice, dans l'étroite cellule d'un monastère, après avoir long-temps agité cette
province... N'est-ce pas de lui que le Dante
a dit :

> Romagna tua non è, e non fu mai
> Senza guerra ne' cuor de' suoi tiranni,
> Ma palese nessuna or ven Lasciai.

De nouveau l'aigle du Montefeltre a pris
son vol ; il a de nouveau quitté le nid où nul
autre que moi ne couvera désormais de
famille... Mais je retrouve ici pour fatiguer
mes regards ce vaniteux simulacre ; je le retrouve dans cet écu qui me poursuit... Orgueilleuse famille ! tu tomberas ; l'empereur Justi-

nien, dont tu te vantes de tirer ton origine, a cédé l'Italie au chef de l'Église, et ce dernier me la cède à son tour.... Ma bannière flottera sur le Titan, jusqu'alors insoumis, pour annoncer mon triomphe aux mers de Venise et de Piombino...

Puis, après un moment de réflexion, il ajouta :

— Le soleil a cessé d'éclairer la plaine, et ses rayons dorent toujours la roche; elle m'apparaît comme un spectre. Quel est donc ce pouvoir inconnu qui retient dans leur simplicité primitive ces citoyens si dignes de pratiquer des vertus plus fécondes? Ils s'obstinent à rester pauvres quand on leur prodigue l'or... Cependant, je l'ai juré, mon autorité y sera reconnue ou j'aurai cessé de vivre...

Quelques jours s'étaient écoulés; les affaires avaient absorbé toute l'attention du vainqueur de la Romagne, et l'impression produite par l'arrangement de ce cabinet consacré à ses travaux cessait d'agir sur son âme.

On voyait au milieu de la chambre une

table couverte de papiers; le secrétaire et le
chancelier y étaient assis, attentifs à la moindre parole de leur maître; et dans le coin le
plus sombre, un jeune homme couvert d'une
armure éclatante, immobile, la tête baissée,
le regard fixe, semblait livré à une sombre
tristesse. Le duc de Valentinois se promenait
d'un pas égal en allant d'une fenêtre à l'autre,
et de celles-ci à l'endroit où se trouvait le
jeune chevalier. Il s'arrêtait devant lui, l'examinait d'un air doux ou sévère, selon le sentiment qui le dominait, puis il reprenait sa marche : souvent on le voyait relever sa tête comme
s'il eût pris quelque résolution soudaine. Il était
revêtu d'une espèce de dalmatique de pourpre
brodée d'or, qu'il portait par-dessus son armure, comme pour se montrer à la fois prince
et soldat; sa tête nue offrait un front large
dégarni de cheveux et souvent plissé de rides
profondes.

— Agapit, dit-il à l'un des scribes, il faut
écrire au cardinal d'Amboise.

Puis se parlant à lui-même, il poursuivit :

— Monseigneur de Rouen oublie nos con-

ditions. L'argent et les hommes se font attendre : il est prudent de prévenir le saint Père.

Le secrétaire l'interrompit :

— Monseigneur d'Arli vient d'écrire à son
excellence que le roi Louis avait donné des
ordres à M. de Caumont pour qu'il dépêchât
trois cents lances sous le commandement de
M. de Lanques : le nonce joint à sa lettre une
copie de celle de sa majesté.

— Mais l'argent? répliqua le duc; mon
trésorier a-t-il rien reçu d'au-delà des monts?

— Je puis assurer, répondit Agapit, que
le trésor de son excellence est dans l'état le
plus prospère.

— Des hommes donc, des hommes! et que
Bologne soit à moi.

— Le comte Louis de la Mirandole, ajouta
Agapit, est en route avec soixante hommes
d'armes et soixante chevau-légers, et le général de Savoie s'avance à la tête de quinze
cents montagnards.

— Excellent renfort! Qu'on n'oublie pas
de faire des propositions avantageuses à Fra-
cassa; c'est un guerrier habile, et ses cavaliers

sont bien équipés. On peut aussi envoyer Baldassar à Sienne, à Florence, pour qu'il nous amène tous les vagabonds qui voudront le suivre... nous en ferons des héros.

Il s'arrêta un moment d'un air réfléchi, puis il continua en hésitant :

— A Sienne?... oui, Pandolphe Petrucci est plus craint qu'aimé... A Florence? oui, profitons de ce moment d'incertitude dans notre situation respective... Florence!

La manière dont Borgia prononça ce mot, jointe au mouvement de ses sourcils, exprimait une menace terrible ; mais le chancelier, ayant surpris ce regard courroucé, le duc s'arrêta devant lui :

— Spanocchi, dit-il d'un ton de confiance, savez-vous rien de la seigneurie de Florence?

— Absolument rien, excellence, répondit Spanocchi.

—Je ne m'explique pas cette indifférence... du reste elle m'arrange, poursuivit le prince en jetant sur ses confidents un coup d'œil qui peignait la malice et l'hypocrisie : monsieur de Rouen manque aux traités, je puis imiter

son exemple... Saint Michel! je suis resté
trop long-temps fidèle à ma parole, et pour
avoir balancé à marcher contre cette république, mes anciens condottieri, les plus re-
doutables! tournent maintenant contre moi...
eux qui voulaient me créer roi de Toscane...
Ces Ursins, ces Vitelli soufflent de tous leurs
poumons, et d'accord avec les Médicis et
Venise... En vérité le moment est favorable;
les lances françaises de M. de Caumont et les
montagnards du général de Savoie me sont
inutiles ici, et de Bologne à Florence, l'Apen-
nin a des chemins inconnus...

— Son excellence ne saurait ignorer, dit
Agapit en répondant aux réticences de Borgia,
que sa majesté regardera comme faite à elle-
même toute agression contre les Florentins,
les paroles d'un roi de France sont sacrées.

— Le roi!... le roi!... Savez-vous bien,
messieurs, dans quelle position se trouve le
roi ?... En l'aidant à rentrer dans le Milanais,
je me suis aplani le chemin de la Romagne;
j'ai renversé tous les obstacles qui s'oppo-
saient à la conquête de cette province; en

fournissant quelques hommes d'armes, je
m'assurais une armée : je triomphe, quand sa
majesté très chrétienne est enferrée dans les
griffes de sa majesté catholique, sur les terres
de Naples ; et mon nom, mon nom seul, fait
respecter le roi en Lombardie. C'est peu que
de mettre dans son écu une couleuvre (1) sur
trois fleurs de lis, il faut pouvoir et savoir
soutenir son droit. Louis XII a voulu établir
en Italie une domination qui compromet son
autorité : il donne à Florence des armes contre Pise, et il peut à peine lutter contre le
Grand-Capitaine (2)! Je ne parle pas des troupes qu'il me doit; notre saint Père me les as-
sura par des traités secrets, et j'ai moi-même
porté la barette à Georges d'Amboise. Cet
honneur valait bien, ce me semble, qu'il res-
tât mon ami le plus chaud dans le conseil du
roi.... Et puis, un cardinal a toujours la tiare
en vue.... Pourquoi donc cette alliance avec

(1) La couleuvre formait les armoiries des Vis-
conti.

(2) Gonzalve de Cordoue.

(*Notes de l'Éditeur.*)

la Toscane ?... Quand Florence aura Pise, ne
puis-je pas avoir Florence ?

Il garda un moment le plus profond silence.

Lorsque César Borgia n'était pas engagé
dans une discussion qui exigeait un raisonnement suivi, sa pensée, plus vive que la parole,
passait d'un sujet à l'autre avec la rapidité de
l'éclair, et son langage ressemblait alors à ces
tables où les marchands exposent les échan-
tillons de tout ce qu'ils vendent : il fallait saisir au passage une idée par un mot, et trouver
dans chaque idée un plan vaste; mais dans
les détours de ce labyrinthe, le fil d'une logique pressante le ramenait toujours à l'unité,
à l'ordre; et l'on pouvait croire qu'il ne se li-
vrait ainsi à cette manière de penser tout haut
que pour égarer ceux qu'il regardait comme
ses plus sûrs confidents; il était certain qu'il
n'exposait pas une parole qu'elle ne tendît à
un but. Il cherchait à connaître l'opinion des
autres; mais il était rare qu'il manifestât la
sienne autrement que par des réticences. Insensible à la flatterie, qu'il regardait comme
la politesse du mépris, il s'en servait avec une

habileté d'autant plus grande, qu'il la déguisait sous une écorce rude : il menaçait d'un ton calme, d'une voix presque douce, et, sous le masque du bourru, il se frayait une route plus courte que celle du serpent qui tournoie sous les fleurs. Cependant le chancelier Spanocchi, et Agapit le secrétaire, possédaient sa confiance, mais toujours d'une façon relative; avec eux du moins, il respirait en sûreté. Sortant tout à coup de sa méditation, il continua :

— L'un de vous a-t-il vu M. de Montison ? MM. de Saluces et de Foix ont-ils encore de l'humeur ? Et d'Allègre, soupire-t-il toujours pour sa belle prisonnière ? Saint Michel! Catherine Sforza nous eût montré ce qu'elle est capable de faire, et les murailles du château Saint-Ange, où la dame est réduite à filer, me rassurent à peine.... Il est bien difficile de contenter ces Français.... La moindre résistance à leurs désirs leur ôte tout courage; ils sont jaloux dès qu'ils cessent d'être vains : c'est un rude métier que de leur commander ; leur mutinerie ne le cède qu'à

l'honneur. Cependant, laissons-les s'agiter en
pleine liberté. Je ne craignais que ce fou de
Bayard, il m'a quitté par boutade.... Que vou-
lait-il donc? Ne suis-je pas le meilleur ami
du roi? Louis n'aurait pas d'ennemi plus redoutable que moi, et ne dois-je pas m'éton-
ner qu'il flatte Venise, qu'il protége Florence....
Agapit, écrivez donc à M. de Rouen : n'oubliez pas que c'est l'oreille, la langue et la
main du monarque; rappelez-lui que je suis
tout dévoué à ses propres intérêts. Trouvez
le moyen de lui dire que je parle souvent de
lui; que je ne vois que lui dans le sacré collége qu'il faille appuyer de mon crédit, si la
chrétienté perdait Alexandre VI.... Mais il me
faut des hommes et de l'argent. M. de Leprèt
m'a écrit pour son fils qui veut de nouveau
passer en Italie; c'est une occasion pour m'envoyer quelques compagnies de lances. N'oubliez pas d'ajouter que je suis instruit de tous
les efforts tentés par les Vénitiens pour me
perdre dans l'esprit de sa majesté.... Saint
Michel! leur sollicitude pour elle est bien
grande aujourd'hui: la Romagne leur tient

à cœur, à ce qu'il paraît; mais je me vengerai
quelque jour du patriciat de Saint-Marc... Agapit, je souhaite que le roi réponde par écrit au
doge; par écrit, vous m'entendez; il n'est pas
mal que la seigneurie ait long-temps sous les
yeux la preuve de la puissante amitié que me
porte le monarque.... Un mot de tout cela à
d'Arli.... Mes ennemis se repentiront de leurs
perfidies : Venise est l'âme des rebelles....

En cet instant, Ramiro d'Orco entra dans
le cabinet du duc presque en même temps
que l'officier chargé de l'introduire : c'était
un homme entre deux âges, d'une taille imposante; ses traits étaient allongés, amaigris
et couverts de pâleur : son air flegmatique
et soumis, avec l'aplomb imperturbable de
son maintien alliaient l'habitude de l'obéissance à celle du commandement. Grand-justicier d'un ambitieux en conquête, la Romagne,
dont il était le gouverneur civil, l'avait vu,
la hache ou la corde à la main, exécuter les
arrêts dictés à son oreille attentive, et rendus par ses lèvres toujours fortement serrées,
comme si elles eussent proféré à regret des

paroles inutiles. Son nom présageait la terreur,
sa présence la faisait naître. Le vêtement de
ce ministre exécuteur semblait une tache sombre au milieu de la cour errante de Valentinois, où le faste oriental des républiques italiennes s'unissait à l'éclat chevaleresque des
chefs guerriers : l'espèce de simarre de velours noir doublée de damas violet, qu'il portait comme juge, ne cachait pas entièrement
dans ses larges manches le bras de bourreau
qu'il avait si souvent brandi avec toute l'im-
passibilité de sa double fonction : on croyait
voir du sang dégoutter de sa longue robe, et
ses yeux ronds, noirs, toujours mobiles, toujours inquiets, animaient seuls ce visage de
mort, sur lequel jamais une émotion n'annonçait l'homme avec ses joies ou ses douleurs.
Rien ne pouvait surpasser l'impression pénible et sombre qu'on recevait à son aspect,
si ce n'est cependant celle qui glaçait le cœur
quand on l'entendait parler : ses phrases
étaient suspendues par une sorte d'hésitation
continuelle; on distinguait facilement qu'il
n'y attachait aucune importance; il dédaignait

de chercher les expressions que sa mémoire ne
lui fournissait pas assez tôt. Son geste était
prompt et sûr, mais sa voix avait quelque
chose de douteux qui n'appartient à aucun
sexe : ce n'était plus le timbre argentin de
l'enfant; ce n'était pas encore le son mâle et
sonore de l'homme fait, c'était l'organe d'un
être intermédiaire entre l'humanité et une
colère toute-puissante.

Auprès d'un tel personnage, César Borgia,
plus en relief, recevait un caractère soudain
de grandeur, et ses traits semblaient parés
d'une bonté relative. Celui qui ordonnait le
meurtre ou le crime, rehaussé par le reflet
de la volonté, noble attribut de l'homme, surtout de cette volonté de prince qui tient au
droit divin, se relevait sous le sang comme
le succès environné de prestiges ; mais celui
qui n'exerçait aucune domination, qui n'avait
point de vues politiques au-dessus desquelles
il pût se montrer, l'esclave au regard attentif,
à la main prompte, apparaissait avec toute
l'horreur du crime. La présence du grand-justicier importunait toujours Borgia ; cependant

il s'efforçait de le bien accueillir. Il compre-
nait d'ailleurs tout l'avantage qu'il recevait de
la présence d'un tel homme; c'était le bouc
émissaire chargé de ses iniquités, et près de
cet Atlas, l'effroi de la Romagne, il combinait
avec profondeur la force d'un sourire et la
toute-puissance politique d'un pardon.

— Quel sujet vous amène, fidèle Ramiro,
dit-il en le saluant de la main, et en donnant
à sa voix quelque chose de plus mâle que de
coutume, comme pour la faire contraster, par
l'effet d'une coquetterie virile, avec celle du
grand podestat. Pourquoi quittez-vous Rimini,
où votre présence fait trembler les partisans
de Venise? leur arrogance aurait-elle troublé
ce saint jour? notre aumônier nous a dit ce
matin l'office des Quatre-Temps, si j'ai bonne
mémoire.

— Ce n'est pas dans Rimini, excellence, répondit Ramiro, mais dans votre camp, qu'il se
trouve des traîtres.

Le duc échangea aussitôt un coup d'œil
rapide avec ses confidents; ceux-ci parurent
étonnés.

— Non, par saint Michel! répondit Borgia
en modérant son impatience; de quoi s'agit-il,
fidèle Ramiro ? de quelques fanfaronnades de
messieurs les Français ? de quelque glouton-
nerie de messieurs les Allemands ? si ce n'est
du maraudage de nos braves Suisses ?

— Son excellence sait bien que ces baga-
telles-là ne sont pas de ma compétence; mais
on a tenté de mettre en liberté un de mes
prisonniers d'État, le comte Astorre, ex-sei-
gneur de Faenza.

— Saint Michel! bon Ramiro, vous avez
bien raison de ne pas badiner sur un tel
événement. Vous pendrez d'abord le coupable.

— C'est ainsi que j'avais pensé, excellence.

— Je ne doute pas que ce ne soit quelque
machination vénitienne : nous verrons plus
tard. Avez-vous des détails ? sur qui se portent
vos soupçons? qui vous a prévenu? quel
homme est cet Astorre? comment se trouve-
t-il entre nos mains?

Ces questions multipliées annonçaient
quelle importance le duc attachait à cette ten-

tative de délivrance, mais son sang-froid en
eût fait douter : il se promenait d'un pas
tranquille, et, sous le masque de l'indifférence,
il prêtait l'attention la plus marquée aux paroles du podestat.

— Excellence, dit Ramiro, de ce ton faux
et vague qui rendait son parler importun à l'o-
reille, après la prise de Faenza, grâce à la valeur de votre armée, le comte Astorre Manfrédi
trouva un asile à la cour de Ferrare, où vous
eûtes la bonté de permettre qu'il demeurât.
C'est un jeune homme, tout occupé de plaisirs
et de colifichets de je ne sais quelle sorte,
qu'on appelle beaux-arts.... Il regrette ses États,
non pas pour ses droits de taille, de haute et
basse juridiction, mais, à ce qu'il prétend,
pour je ne sais quelle fabrique de vases et
d'aiguières, où je ne sais quel barbouilleur,
nommé Michel-Ange....

— Dites un grand peintre, Ramiro.

— Soit, excellence.... Mais ce grand peintre
devait quitter Florence pour habiter, à ce qu'il
prétend, la ville de Faenza, où, de concert,
ils avaient formé le plan d'élever une école

académique.... Cela ne peut être que contraire aux intérêts de la religion : par notre
dame du Scapulaire ! Académique ne m'a pas
semblé orthodoxe. D'après de tels renseignements, je n'ai pas balancé à retenir l'ex-sei-
gneur....

— Je ne vois pas trop, fidèle Ramiro, que ce
pauvre jeune homme mérite un tel traitement.
Nous lui devons même beaucoup d'obliga-
tions pour avoir été l'un des bienfaiteurs de
notre belle fabrique de faïence (1). Par le
saint Père! Vous avez mangé à notre table
sans avoir fait la moindre attention aux plats
magnifiques dont on la pare.

— A table comme partout, je songe aux
graves et belles fonctions que vous m'avez
confiées, excellence... Mais je me rappelle en
effet je ne sais quoi de bizarre où des peintures
de diverses couleurs semblaient offrir des
hommes tout vivants...

(1) Ou dit, nous n'assurons pas le fait, que les premières faïences furent fabriquées à Faenza, dont elles
empruntèrent le nom.

(*Note de l'Auteur.*)

— Revenons à M. d'Astorre...

—Les notes qui m'ont été communiquées
sur lui le peignent encore comme un ami des
Médicis, et les Médicis sont des agitateurs...

— Ils aiment et protégent les arts...

— Enfin, excellence, le comte Astorre fut
surpris par les troupes de don Ugo aux environs d'Urbin.

— Aux environs d'Urbin! vous avez raison,
Ramiro, dit le duc, sans qu'il témoignât le
changement soudain de ses dispositions envers le prisonnier autrement que par le mouvement de ses sourcils froncés; les Médicis sont
des agitateurs : pour rentrer dans Florence,
ils n'est rien qu'ils n'entreprennent; peut-être
ont-ils des agents à Venise... et Guidobaldo n'a-
t-il pas intérêt à susciter quelque insurrection
dans notre duché d'Urbin?... Oui, vous avez
raison, cette tentative de délivrance devient
une chose sérieuse.

— C'est ce que j'ai vu tout de suite, excellence, et je pense qu'il serait prudent, sous
je ne sais quel prétexte, pour je ne sais quel
crime, et l'on en trouve toujours quand on

veut s'en donner la peine, de nous débarrasser
du seigneur Astorre. Quant au vrai coupable,
l'agent secret des ennemis de votre excellence
dans son propre camp, le geôlier, dans son
rapport, nomme un Français, le marquis de
Saluces.

Borgia garda un silence terrible.

— Le prisonnier, continua Ramiro, habite
une salle basse de ce château, que nous avions
destinée à cet effet avant que votre excellence
vînt y loger... C'est un appartement sur le
jardin, il y a de l'air, du jour... nous n'avons
pas toujours, comme vous pouvez le concevoir, de bonnes prisons à notre disposition.
C'est donc sous les fenêtres de cette chétive
geôle qu'on vit hier un guerrier se promener
tristement : il était couvert d'une armure d'a-
cier, ceint d'une écharpe verte ; il portait sur
son casque à visière baissée un panache rouge,
et puis...

Le haut-justicier parlait avec toute sa gravité et sa lenteur accoutumées, quand, du
fond de la chambre, il vit s'avancer vers lui
un guerrier sur lequel ses yeux habitués à

tout voir distinguèrent, à mesure qu'il les dé-
signait, tous les signes extérieurs qu'on lui
avait transmis comme le signalement du nouveau criminel. Le digne Ramiro d'Orco, saisi
d'étonnement, s'arrêta court quand ce personnage qu'il n'avait pas aperçu en entrant lui
imposa silence du ton le plus absolu.

— C'est moi, dit-il, c'est moi qui suis coupable, si c'est un crime que de prendre intérêt à celui qu'on prive arbitrairement du bien
le plus précieux qui soit échu à l'homme.

Ramiro voulut répondre, mais Valentinois
lui fit signe de se taire.

— Punissez-moi, seigneur, continua le jeune
homme en s'adressant au duc; j'ai témoigné
au prisonnier la pitié qu'inspirait sa plainte;
j'ai cherché s'il n'était pas en mon pouvoir de
lui rendre la liberté : la présence du seigneur
de Faenza sur les terres d'Urbin était étrangère
à la politique des Médicis et de Venise, et je
me suis chargé de faire remettre cette lettre à
Ferrare. Le comte Astorre craint qu'un premier message ne soit pas parvenu à la duchesse d'Est.

— A ma sœur ! dit Borgia avec surprise.

Il prit la lettre que le chancelier lui présentait ; et il y lut ces mots :

« MADONNA,

« Avant de pouvoir pénétrer dans Urbin, je suis tombé au pouvoir des soldats de S. E. le duc de Valentinois, votre auguste frère ; les officiers refusent de croire au motif de mon voyage ; mon empressement à vous plaire m'en ôte les moyens en ce moment : le jeune peintre que vous a recommandé Pietro Perugino a quitté sa ville natale ; d'après les renseignements que j'ai pu recueillir depuis ma détention, c'est à Sienne que Raphaël Sanzio étudie maintenant, et je ne puis m'y rendre : de tous les biens qu'on m'a ravis, je ne regrette rien tant que la liberté, puisqu'elle me prive, Madonna, du bonheur de vous être agréable.

« ASTORRE. »

Le duc resta les yeux fixés sur la lettre plus de temps qu'il n'en fallait pour en lire le

contenu; il semblait chercher quelque mystère au fond de ce qu'il venait d'apprendre.
Le souvenir de sa sœur et la lettre du jeune
comte troublèrent sa pensée; il étouffa un
soupir, et sans rien laisser percer de son émotion, il adressa de nouveau la parole au ministre ordinaire de ses vengeances.

— Nous sommes bien prompts dans nos
soupçons, fidèle Ramiro; je pense que nous
nous sommes inquiétés sans sujet: Astorre, je
le vois, est un galantin de la cour de Ferrare,
un *cavaliere-servente* de notre sœur Lucrèce.
Vous pouvez donc retourner à Rimini si votre
présence y est utile...

— Comment, excellence, répliqua le podestat d'un ton fâché, je partirais ainsi sans
avoir la satisfaction...

— De pendre quelqu'un, bon Ramiro?

— Mais, excellence, c'est toujours d'un
bon exemple; on ne sait pas ce qui peut arriver, et dans ces temps de trouble, ne peut-
on pas tramer quelque complot contre vos
jours, contre votre puissance? Vous avez trop

de bonté, excellence; les prétextes ne manquent jamais aux traîtres, il ne faut pas croire
légèrement à leurs paroles captieuses... Je ne
sais quoi me dit que ce jeune Astorre est plus
rusé qu'il ne semble vouloir le paraître, qu'il
est l'agent de je ne sais quelle faction...

— Un agent de Venise, voulez-vous dire?
Un de ses émissaires auprès des Ursins, des
Vitelli?... Non, non, la culture des arts élève
l'âme: Ramiro, bon Ramiro, donnez les ordres pour qu'on mette le comte Astorre en liberté; je suis charmé de faire quelque chose
en sa faveur, puisque ce jeune écuyer daigne
le prendre sous sa protection. Allez, notre
digne prévôt, vous êtes le pivot de l'union
sociale; faites votre devoir.

Valentinois prononça ces derniers mots
d'un ton singulier que l'interprète de ses volontés était habitué à comprendre, et qu'il
reçut d'un air de triomphe. Quand il fut sorti,
le jeune homme, saisissant la main que Borgia
lui tendait avec affection, la baisa en le remer-
ciant de ce qu'il venait de faire pour lui.

Mais les deux scribes, témoins muets de cette scène, témoignèrent par leurs regards qu'ils se méfiaient un peu de la bienveillance de leur maître.

XIII.

Désirant connaître mieux les détails d'une de ces circonstances fortuites qui avaient souvent offert au duc de Valentinois, sous les apparences les plus frivoles, la trace de quelque machination, ou le germe de quelque événement favorable, il adressa la parole au jeune écuyer : ses manières avec lui différaient de celles qu'il avait avec tout autre ; son air étoit affectueux, sa voix plus douce ; il se servait de périphrases, et l'on pouvait voir quelles précautions il prenait pour ne pas irriter un caractère farouche.

— J'espère que tu nous raconteras, jeune homme, ton aventure romanesque avec le comte Astorre, dit-il d'un ton affable, sous le-

quel cependant on pouvait reconnaître un
ordre déguisé. Nous avons besoin de quelque
distraction; viens çà, près de cette fenêtre :
nous voilà disposé à t'entendre.

Il s'était assis dans un fauteuil, la tête entre
ses mains, le regard fixé sur la campagne; il
parut attentif, et, durant un court moment
de silence, on n'entendit d'autre bruit que
celui des scribes; leur plume criait sur le
vélin. L'écuyer s'était approché du duc : plus
hardi qu'aucun de ceux qui l'entouraient, il
appuya une main sur la couronne ducale qui
surmontait le dos du fauteuil, et sa brillante
armure reflétait la pourpre du vêtement de
Borgia, et les vives couleurs du velours et des
franges d'or qui recouvraient les coussins
affaissés sous le poids de son corps. Spanocchi
et le secrétaire détournaient la tête de temps
à autre pour considérer un tableau si nouveau
pour leurs regards; mais ce qui en faisait la
partie importante restait un mystère pour eux :
ils voyaient se dessiner en noir sur le ciel cuivré
que la fenêtre ouverte offrait comme un fond,
le large fauteuil qui cachait le maître de la

Romagne, et debout le jeune inconnu qui jouissait depuis quelques jours d'une faveur inconcevable. Mais le visage de celui-ci, presque constamment caché sous sa visière baissée, était alors dégagé de son voile de fer, et les confidents du duc, qui n'avaient pas pleinement satisfait leur curiosité, ne pouvaient encore contempler à leur aise les traits de cet étranger, déjà si haut dans le chemin de la fortune. Il parla, et l'impression d'un silence plus profond sembla se faire sentir.

— Je ne crois pas, seigneur, que vous puissiez me blâmer d'avoir été sensible à la plainte d'un chevalier dans les fers, dit-il.

— Non, non, par saint Michel! mon ami; mais tu t'es écarté dans cette occasion de la prudence que réclame ta nouvelle carrière. Cependant tu paraissais avoir compris une sage nécessité.... Eh bien, le comte Astorre?...

— J'avais devancé l'aurore sous les beaux arbres du jardin.

— Et pourquoi donc, notre bel écuyer, ne pas goûter un sommeil tranquille?...

— Pourquoi, seigneur?... Hélas! hélas! l'air

est rare sous ces voûtes, et dans la plaine le
sommeil ne vient pas toujours quand on l'appelle.

— Eh bien, le comte Astorre? demanda de
nouveau le duc.

— Le comte ne dormait pas plus que moi.
Assis près de la fenêtre grillée de la prison,
il tenait en main un luth à demi brisé, dont
il tirait des sons qui touchèrent mon âme. Il
y avait dans son chant quelque chose de si
triste et de si passionné! il déplorait le malheur de vivre loin de sa patrie et de sa belle,
dans un idiôme qui n'est pas le nôtre; mais je
le comprenais : le mot liberté est donc le même
dans toutes les langues, seigneur?

— Le comte chantait le lai de ces trouvères
qui vont mendier à la porte des châteaux :
la langue d'oc et la nôtre sont sœurs... Poursuis, Astorre?...

— Il chantait la liberté... Mais, seigneur, le
beau pays! la belle montagne! Dieu! qu'il y a
de souvenirs de joie et de regrets dans l'aspect
de cette montagne!...

La voix du jeune homme était altérée par

l'émotion la plus vive; Borgia fit un mouvement pour le regarder, et une grosse larme
tomba sur sa main.

— Cette montagne, dit-il, c'est le Titan;
sur son sommet vit un peuple vertueux et
pauvre : approche de cette fenêtre, notre
jeune écuyer; viens, tu jouiras d'un plus beau
coup d'œil encore.

Il fit avancer le jeune guerrier en pressant
son bras avec violence : les larmes se séchè-
rent; le geste du duc et ses paroles venaient
de produire sur Agosto une impression terrible. Dans ce moment un officier parut, por-
teur d'un message indifférent. Borgia renvoya
ses scribes et demeura seul.

Il parcourut la chambre à pas précipités,
la tête baissée, poussant des soupirs... Seul
enfin, il respirait sans contrainte. Mais la
tranquillité ne l'attendait pas dans la solitude,
des plans trop vastes et surtout des craintes
trop réelles occupaient son esprit. Depuis deux
jours il attendait, avec l'impatience la plus
grande, l'arrivée d'un courrier, et personne ne
savait quel trouble régnait au fond de son

âme; la multiplicité des affaires l'aidait à
tromper ceux qui l'entouraient, qui épiaient
ses moindres mouvements, non pour le trahir,
mais pour le flatter et lui plaire; et, en présence de ses courtisans, il affichait la sécurité
quand il était agité par la plus vive inquiétude.

Borgia, nouvel arbitre de l'Italie, était instruit des trames qu'on ourdissait contre sa puissance encore mal affermie. Après avoir anéanti
le parti des Colonne pour s'attacher celui des
Ursins, la défection de ceux-ci venait l'alarmer
avec d'autant plus de raison qu'elle formait
un noyau autour duquel les mécontents de
toute espèce se réunissaient. Il craignait qu'un
premier succès n'entrainât dans ce foyer de
rébellion les chefs dont l'opinion flottait encore, et peut-être même ses meilleurs condottieri; il ne se dissimulait aucun danger, mais
il n'avait pas encore permis qu'on parlât de
cette révolte en sa présence; ses confidents
mêmes ne s'étaient pas crus autorisés à manifester leur propres craintes : si, par quelques
mots jetés au hasard, on avait essayé de lui

faire comprendre que l'armée n'ignorait pas
les efforts des nouveaux ennemis qu'elle avait
à combattre, il souriait d'un air fin, et cette
espèce de langage, ce simple mouvement de
physionomie suffisait pour conserver au général la confiance de ses troupes, confiance
qui ne l'abandonne jamais sans amener de
tristes résultats. D'ailleurs la fortune avait
déjà tant fait pour le fils d'Alexandre VI, et
l'autorité imposante du pouvoir papal avait mis
tant d'art à consacrer ses faveurs, qu'on comptait sur elle comme sur une alliée. Toutes les
terreurs étaient donc pour le seul être qui
dût naturellement les supporter; et, résigné
à les endurer en silence, Borgia trouvait souvent dans ses craintes un présage et presque
des garanties pour la victoire.

Durant ces heures données à l'examen le
plus sérieux de sa situation, Valentinois calculait habilement toutes les chances qui lui
étaient favorables ou contraires; alors il consultait les avis que son père lui faisait parve-
nir avec le plus profond mystère; mais quelque exercé que fût le pontife dans l'art de

tromper, ses plans n'étaient pas toujours
adoptés : s'il y avait entre le père et le fils
une grande conformité de goût et de principes,
ils différaient de système sur les moyens d'arriver au même but, et il était passé en proverbe de dire des Borgia : *Alexandre ne fait
jamais ce qu'il dit, César ne dit jamais ce
qu'il fait.* Peut-être cette disparité apparente
était-elle encore une nouvelle combinaison de
leur politique.

Cependant le fils pas plus que le père n'a-
vait prévu la révolte qui venait de porter un
coup terrible à cette puissance que l'Italie
pouvait croire improvisée, mais qui avait été
réellement de longue main méditée par ceux
dont elle chargeait le front de nouvelles couronnes. Trop tard, maintenant ils prévoyaient
tous deux de grands malheurs sans remède si
les chefs de l'insurrection parvenaient à s'entendre et à combiner leur plan d'attaque. Il
fallait donc faire naître la division parmi eux,
et la tête du très saint Père n'avait pas une
pensée qui ne tendît à ce but. Les messages
entre la cour de Rome et le camp de Valenti-

nois se succédaient rapidement sans que nul
autre qu'eux pût se douter de cette correspondance mystérieuse : « Promettons, écrivait
Alexandre VI, faisons serments sur serments,
cela n'oblige à rien ; concédons, concédons
en détail, pour reprendre en bloc plus que
nous n'aurons donné. On empêche le chien
d'aboyer en lui jetant un os; et il faut lui
passer doucement la main sur le cou avant
d'y attacher la chaîne. Faites des traités, mon
fils, et ne suivez ensuite que les clauses
qui vous seront favorables; c'est une maxime
générale, une règle de conduite dont un
prince ne doit pas s'écarter. Dans les circonstances présentes, je vous engage donc à faire,
sous main, aux Ursins et aux Savelli, des propositions telles qu'elles puissent flatter leur
orgueil et accroître leur puissance, mais à la
condition qu'ils vous débarrasseront des Vitelli
et des autres rebelles; renoncez pour un moment à vos vues sur Bologne : promettez aux
gens d'église des prébendes, des évêchés et
même le chapeau de cardinal; aux gens d'é-
pée de l'argent et du pouvoir; promettez en

votre nom, au mien, mais, par l'âme de mon
grand oncle Caliste (1)! je me jetterais dans
le Tibre, la tiare en tête, plutôt que de ne
pas me donner la douce satisfaction de tirer
vengeance des traîtres. Quand vous étiez enfant, mon fils César, si l'on avait quelque
breuvage amer à vous faire boire, la digne
matrone qui prit soin de vous mettait du
miel sur le bord du vase : il n'y a sorte de
breuvage qu'on ne parvienne à faire avaler à
ses ennemis comme à ses amis, en s'y prenant
bien. J'aurai plus tard quelques propositions
à vous faire à ce sujet, car nos cassettes se
vident très promptement par ces temps-ci,
et les fidèles préfèrent la pénitence aux indulgences : la papauté dégénère à mesure que
les peuples se perfectionnent; c'est une raison
de plus pour nous hâter de nous mettre à
leur tête, et de saisir le pouvoir temporel
puisque le spirituel nous glisse dans la main.
Les pasteurs tels que nous ne doivent conduire leurs troupeaux que dans des pâturages

(1) Calixte III, pape, en 1445.
                        (Note de l'Éditeur.)

14.

gras et verts ; respectons les peuples, mon
fils César, nous ne serions rien sans eux;
mais soyons sans pitié pour les esprits étroits
qui s'arrogent un droit de maître sur cette
belle et bonne chrétienté qui nous est échue
en partage. »

L'homme qui donnait de semblables conseils était celui qui par une bulle célèbre se faisait l'arbitre du monde ; mais il faut distinguer
en lui le chef infaillible de l'Église et le prince
ambitieux : Borgia comme pape laisse à l'histoire un grand nom, comme individu sa mémoire est abhorrée. Cependant il s'en fallait de
beaucoup que le fils César se passionnât aveuglément pour les bons avis de son père. Ce
prince-modèle, que Machiavel devait un jour
offrir à la postérité, avait toute la virilité de
son âge, toute la vigueur de son temps ; ferme
dans ses résolutions, il croyait prudent de ne
pas compromettre par la moindre concession
cette puissance unitaire, chimère séduisante,
qui remplissait son âme et fécondait ses vastes
conceptions. Valentinois, en s'approchant du
danger, s'accoutumait à n'en pas détourner

les yeux; cette action du regard semblait contenir en elle quelque fascination secrète comme
celle du serpent qui attire sa proie; la volonté,
don du génie, parcelle de la divinité, mani-
festation de l'intelligence humaine, était dans
sa pensée un flambleau qui portait ses clartés
sur les volontés inférieures, un lien qui les
réunissait toutes.

On peut se fier au temps quand on influe
sur sa marche.

Valentinois pensait que la désunion ne devait pas tarder à se glisser parmi les hommes
ligués contre lui, car les intérêts d'un égoïsme
étroit étaient les seuls mobiles de leur conduite, et ces intérêts se trouvent presque toujours froissés l'un par l'autre quand ils ne sont
pas soumis à l'arbitrage d'une sagesse direc-
trice. Le nouveau maître de la Romagne comptait sur les rivalités d'amour-propre, comme
sur un secours plus certain que celui des lances mercenaires, et son espoir allait même
jusqu'à voir bientôt venir à lui quelques-uns
de ceux auprès de qui, avec moins de prudence et d'audace, il eût essayé, comme le sou-

haitait le pape, de faire usage de la corruption, ordinaire moyen d'une politique sans
force. Cependant, malgré la confiance qu'il
avait dans la fortune, Borgia ne dédaignait
aucun des petits auxiliaires que l'adresse et
l'or procurent, et ses agents secrets l'avaient
prévenu que les rebelles devaient se réunir
à la Magione sur le territoire de Perugia pour
convenir de leurs droits et adopter un plan
d'attaque et de défense.

Depuis deux jours, comme nous l'avons
dit, aucun message n'était venu calmer ses
esprits, et l'inquiétude commençait à établir
sur lui son tyrannique empire : il désirait la
solitude et cependant il n'y trouvait que des
craintes et de sombres pressentiments; il se
fatiguait en efforts inutiles; sa pensée était
immobile comme l'incertitude de sa situation,
et quelque habitué qu'il fût à maîtriser ses
impressions, elles prirent sur lui, au moment
où il congédia ses confidents, un ascendant
dont il n'eut pas même la force de s'apercevoir. Il paraissait attentif au moindre son, lui,
dont les fécondes méditations n'étaient pas

naguère interrompues par la voix terrible du
canon; il entr'ouvrait la porte de son cabinet,
comme s'il eût distingué un bruit lointain, un
bruit de fer dans l'escalier étroit et sonore
qui conduisait à cet appartement. Il se promenait d'une fenêtre à l'autre, interrogeant le
chemin des montagnes; et dans le mouvement
d'une cour nombreuse, au milieu du tumulte
d'un camp, ses émotions, se succédant rapidement, épuisèrent ses forces et son courage;
la sueur couvrit bientôt son front, des larmes
gonflèrent ses paupières, il tomba sur son
fauteuil et s'effraya du cri plaintif de son armure.

— Suis-je bien moi-même? se demanda-t-il
en sortant de son agonie; le succès fut-il donc
le seul soutien de mon âme jusqu'ici? ce que
j'osais appeler supériorité, n'était-il que l'effet de la bassesse des autres? Que diraient ces
hommes ennemis et jaloux de ma puissance
s'ils pouvaient découvrir la rougeur qui couvre mon front? N'ai-je quitté la vie oisive et
monotone de l'ecclésiastique empourpré que
pour faiblir au premier revers?... Mais quel

qu'un l'emporte-t-il donc sur moi aujourd'hui?
Un roi puissant me doit ses sujets et ses trésors; le chef naturel des princes chrétiens n'a
pas un désir qui ne soit pour mon triomphe,
et je n'ai plus de courage pour maudire des
traîtres, pour les punir! Saint Michel!

Un mouvement de colère lui rendit aussitôt
toute sa force morale. Il se leva agité de la fièvre brûlante de l'orgueil, et dans ce moment
un de ses gentilshommes vint annoncer l'arrivée d'un courrier. — Un courrier! répéta le
duc, qu'on m'apporte ses dépêches.

Mais ce mouvement d'impatience ajouta à
l'impression fâcheuse d'un espoir déçu : le
courrier annonçait l'arrivée de la duchesse
d'Est. Borgia fit un signe de tête et retomba
dans un abattement plus profond. Cependant,
après quelques moments, le souvenir de sa sœur
chassa peu à peu les sombres pensées qui l'a-
vaient assailli; l'image de Lucrèce se fit jour
dans son âme, son nom erra sur ses lèvres, et
pour la première fois, importuné des fatigues
du conquérant, il regretta la vie voluptueuse
du prélat; mais cette pensée de mollesse ne

fut qu'indécise et fugitive. Le cœur ne se ranime pour le passé que lorsqu'il réveille des
souvenirs, et Borgia avait vécu au sein des
plaisirs faciles, peut-être criminels; jamais il
n'avait éprouvé ce bonheur si vrai qui se pro-
longe par le dévouement, cette passion si
douce qui fait vivre hors de soi; jamais cet
amour où l'espoir et la crainte, le désir et le
respect agitent le cœur, jamais une vague langueur n'avait épuré son imagination : c'est
ainsi que faute de trouver un refuge dans sa
mémoire, il était souvent accablé de la situation présente. Mais bientôt son front redevint
calme, ses traits reprirent leur sérénité, un
sourire agita sa bouche long-temps contractée,
et après avoir fait l'essai de sa physionomie
devant un miroir, tant il lui semblait important qu'on n'y vît pas la trace du trouble de
son âme, il donna des ordres pour qu'on reçût
Lucrèce Borgia avec magnificence.

XIV.

La nuit tout-à-fait close, les camerieri du
duc vinrent dresser dans la salle un lit de
camp sur lequel il avait coutume de dormir,
et préparer tout ce que la prévoyance pouvait
leur suggérer pour les besoins de leur maître, soit qu'il voulût se livrer au travail, ce
qui arrivait souvent pendant la nuit, soit
qu'il désirât de parcourir, à la faveur d'un
déguisement, quelques parties de son camp.
D'ailleurs un de ces hommes veillait constamment dans une salle voisine, où se trouvaient aussi les différents officiers de service.
Après que les maistres de camp eurent reçu
le mot d'ordre, tout resta plongé dans le
repos. Le sommeil ne tarda pas à calmer toutes les impatiences, toutes les douleurs des

petits, car les peuples dorment, alors que
ceux qui les gouvernent méditent.

Borgia, resté seul, demeura long-temps debout devant la fenêtre qui lui offrait le Titan,
dont la tête ne se courbait pas.

Et sur leur roche escarpée, bercés par l'espérance, ils goûtaient la tranquillité que tant
de siècles avaient assise à l'ombre de leurs
institutions, les bons républicains de San-
Marino! Ils avaient quitté leurs travaux pour
la prière, et la prière était leur dernière pensée chaque jour, comme elle était encore au
réveil la première qui vint agiter leur cœur :
implorer et remercier commençait et fermait
pour eux le cercle de la vie. L'ardeur guerrière que les circonstances présentes avaient
tout à coup allumée ajoutait à leur sécurité ;
ils recevaient tant de forces, tant de courage
de leurs sentiments! Secourir un ami dans
l'infortune, s'opposer à l'envahissement de la
Romagne par ce despote dont le nom seul
inspirait la crainte : il y avait dans cette résolution quelque chose de généreux qui en
écartait toute idée de danger. C'est que les

montagnards san-marinois, hommes libres,
n'étaient pas corrompus par la soif de l'or;
c'est que même parmi la jeunesse turbulente,
avide d'avenir, on ne connaissait pas de bien
qui pût compenser l'accomplissement d'un
devoir; c'est que les facultés avaient de nobles instincts et pas de besoins inutiles.

A cette heure tous dormaient, car Marina
avait quitté la montagne. On ne la voyait plus
comme elle s'était montrée un jour, et puis
deux, et puis un autre encore, assise sur une
pierre, près de la porte d'entrée; le regard
fixé sur la seule route qui conduit à la ville;
attentive au moindre bruit, et versant des
torrents de larmes à chaque espérance déçue.
Durant cette longue angoisse, pas un cri ne
venait soulager sa poitrine oppressée; l'amour
maternel et le remords y vivaient comme
une punition, et vainement les citoyens,
même les magistrats, cherchaient à la con-
soler et à la distraire par d'heureuses conjec-
jectures. Le signal de la réussite avait été
donné, disaient-ils; on avait aperçu une
barque sortir de Rimini et se diriger du côté

de Venise. Sans doute la prudence empêchait
les citoyens qui accompagnaient Agosto et le
duc d'Urbin, de s'exposer à remonter si
promptement; peut-être les chemins étaient-
ils si bien gardés, qu'il fallait guetter le moment favorable pour tromper la surveillance
des sbires de Valentinois. Peut-être encore
Guidobaldo avait-il cru prudent, pour sous-
traire ses amis au péril, de retourner sur la
montagne, de les emmener avec lui comme
de dignes gardes.

Marina partageait d'abord toutes les espérances que faisaient naître de telles supposi-
tions, mais une voix secrète lui inspirait des
craintes plus fondées, et Machiavel, en la
trouvant sur son passage au moment de quitter la ville, lui avait dit à voix basse ces paroles qui revenaient sans cesse à sa mémoire .
« Pauvre mère ! il t'enlève ton fils ! » Et
puis, prenant en pitié sa peine, il lui avait
fait part de ses idées sur l'étranger. Tout
portait à croire que Lenzoli n'était pas son
véritable nom, ni Pise sa patrie; car les familles les plus puissantes d'Italie envoyaient

leurs fils étudier dans cette ville, et souvent
même comme d'obscurs citoyens, afin qu'ils
ne fussent pas distraits dans leurs études
D'un autre côté, le prétexte donné pour fuir si
promptement la montagne ne lui semblait
pas vraisemblable, et à certains mots qu'il
se rappelait à présent, il se pouvait que le
mystérieux personnage eût été pressé de se
rendre sur le territoire de Perugia, où les
seigneurs opposés à Valentinois devaient se
réunir, à la Magione, pour aviser aux moyens
de combattre l'ennemi commun.

La pauvre mère, après trois jours d'attente, trois nuits sans repos, durant lesquelles
le désespoir avait rappelé des souvenirs perdus, et fait naître de ces résolutions que les
âmes fortes peuvent seules concevoir et exécuter, Marina était apparue aux magistrats,
pâle, échevelée, les yeux mornes, mais la
démarche ferme, soutenue dans son action
par un sentiment de devoir et d'amour, par
cette conviction profonde qui donne à tout
quelque chose d'imposant et de respectable.
Elle avait confessé sa faute et reconnu Agosto

pour son fils ; elle avait fait naïvement le récit de sa séduction, à Pise, alors que, jeune et
belle, elle n'était plus préservée par le contact des filles de la patrie ; alors que ses regards fascinés par le luxe et par de tristes
usages abusaient peu à peu de la simplicité
de son cœur.

Cette triste histoire, sans exemple dans la
république, avait vivement touché les sages,
et, dans leur inexpérience des choses du
monde, approuvant le projet qu'elle avait
formé d'aller redemander au séducteur cet
enfant qui appartenait à la montagne à tant
de titres sacrés, ils avaient béni la mère courageuse, et même puisqu'elle se dirigeait vers
les confédérés de la Magione, ils avaient, avec
la franchise et la rusticité de leurs mœurs,
confié à sa prudence et à son patriotisme une
espèce de mission diplomatique, importante
dans les circonstances actuelles.

La fille de San-Marino, seule, à pied, mais
forte par le dévouement, par la piété, était
pour la seconde fois descendue de la roche,
non sans émotions, non sans retourner sou-

vent la tête pour revoir ce lieu si cher, ces
pics qu'elle devait pendant plusieurs jours
apercevoir encore, rougis des rayons du soleil, le matin et le soir à l'heure de la prière,
et devant lesquels elle se prosternait dévotement, car c'était le lieu de sa naissance, c'é-
tait le berceau de son fils. Ainsi le matin elle
demandait des forces pour la journée, le soir
elle remerciait Dieu de les lui avoir accor-
dées, et elle trouvait, après l'accomplissement
de ses devoirs, un sommeil paisible, quelquefois même des songes de bonheur.

Et Valentinois, du haut de sa tourelle, devant sa fenêtre, en présence de la montagne
que la clarté de la lune éclairait comme un
spectre, le maître de tant de provinces con-
quises, n'avait pas de sommeil au milieu de
son armée.

C'est dans un de ces moments solennels
qui suivirent le coucher du soleil, que Marina avait été distraite de la pieuse observation des usages de sa patrie par une voix
bien connue.

— Holà! belle fille de San-Marino; est-ce

toi que je trouve si loin de ta montagne, toi
sur les terres de Jean Baglioni ! Que s'est-il
passé là-haut ? mes nouvelles prédictions se
sont-elles si promptement accomplies ?

— Oui, Zingana, oui ; rien n'est caché pour
toi : il m'a ravi mon fils celui que l'honneur
me défendait d'appeler d'aucun nom ; il m'a
laissée seule, sans consolations, moi qui n'ai
plus que des larmes à répandre ! aussi vais-
je demander à l'Italie mon enfant, le fruit
de mes entrailles, celui pour qui je prie à
chaque heure du jour.

— L'Italie est grande, Marina, et tu n'as
pas comme moi la vieillesse qui protége contre le fort et le faible, et un bâton magique
devant lequel il n'est pas de porte qui reste
fermée.

— Zingana, j'ai le cœur d'une mère, et
jusqu'ici nul habitant des lieux que j'ai tra-
versés ne m'a refusé un asile, au nom de
Dieu notre Sauveur. et de San-Marino mon
patron.

— Ainsi donc, c'est à la Magione, au milieu
des hauts barons qui s'y rassemblent, que tu

vas chercher cet homme si fier, que j'ai vu
sur la roche ?

— Ne m'as-tu pas toi-même assuré qu'il
appartenait à quelque grande famille?

— Sans doute, car sa bouche maudit en
même temps que sa main donne de l'or.........
Allons, pauvre mère, nous ferons route ensemble, si tu le veux, car c'est à la Magione
aussi que je porte mes pas.

— Toi, Zingana? Les nobles gens ont des
meutes de chiens qu'ils lancent contre ceux
qui tendent une main suppliante ; ne me l'as-
tu pas dit quand tu dormais tranquille sur
la montagne?

—Les nuits sont calmes et longues là-haut,
c'est la vérité ; mais les puissants ont des fai-
blesses, et si parfois il s'en trouve un qui
nous livre à ses chiens pour s'en donner le
plaisir, les autres tremblent en notre présence, et nous possédons leurs secrets. Puis
les varlets sont crédules, puis les pages sont
impatients... Va, c'est de la sagesse que de
compter sur les folies des grands... Mais hâtons
le pas, Marina. Vois-tu là-bas cette fumée bleue

qui tournoie sur un ciel d'or ? je suis attendue à la maison du chemin : nous y passerons la nuit, et demain nous reprendrons notre route.

— Marchons, Zingana ; tu crains Dieu, tu hais les méchants et tu connais l'avenir, c'est le ciel qui t'envoie. Et puis, tu l'embrassais au front, mon Agosto ; tu semblais, comme moi, fière de le voir grandir.

Arrivées à la maison du chemin, les deux voyageuses avaient été mal reçues, car un grand nombre d'hommes d'armes l'encombrait, et c'est avec peine qu'on leur avait accordé un chenil pour y attendre le jour ; elles y étaient retirées depuis quelques minutes, lorsqu'un léger bruit se fit entendre ; Marina s'en inquiéta, mais la bohémienne se hâta de la rassurer : — Silence, Marina, c'est un secret.

Et sortant aussitôt, elle avait laissé sa compagne libre d'examiner et d'entendre une scène que la lune éclairait faiblement, mais assez pour que la fille de San-Marino pût reconnaître l'étranger qui s'était trouvé sur la montagne en même temps que Lenzoli.

15.

Protégé par les équipages qui obstruaient la cour de l'hôtellerie, enveloppé dans son manteau, le mystérieux personnage questionna la Zingana avec précaution.

— Que sais-tu de l'Italie? demanda-t-il; mais la vieille, offensée de cette manière brusque de la questionner, la vieille qui n'avait pas l'habitude d'un tel laconisme, le regarda fièrement, et, relevant sa tête blanchie, qu'un rayon de clarté éclairait en ce moment, elle voulut procéder avec les formes ordinaires de ses révélations.

— Laisse-là ton art, dit Machiavel en cherchant à modérer une impatience visible; je veux des faits certains. Vos bandes errantes se correspondent et pénètrent partout; on sait bientôt à Naples ce qui se passe à Milan, et, grâce à vous, Venise et Gênes n'ont plus d'Apennins qui les séparent.

Mais le ton du Florentin n'était pas propre à endormir le sentiment de fierté et d'indépendance qui donnait à la Zingana tant d'assurance et de dignité. Elle se croyait utile; et, accoutumée à la supériorité que son rôle

de devineresse lui donnait, quel que fût le
rang de celui qui la consultait, son regard
étincela d'une manière bizarre, et sa voix
prit un caractère d'ironie singulière.

— Parce que je ne porte pas une longue
robe de velours noir, dit-elle, parce que mes
yeux voient le ciel sans de longs tubes impos-
teurs, parce que je n'ai pas dans un palais
le nom d'astrologue ou d'alchimiste, on me
traite avec mépris...

— Non, répondit Machiavel, mais les moments sont précieux, et je veux des faits;
qu'ils proviennent de ta science, de la bonté
de tes yeux, de la finesse de ton ouïe, qu'importe? Ce n'est pas l'avenir que j'attends de
toi; mais le passé, d'hier, d'aujourd'hui même.
Tu connais le poids de l'or pur de Florence?

— En ai-je, moi, un vêtement plus riche?
En fais-je un meilleur repas?

— Zingana, ton or est à toi.

— Quand j'entre dans une chaumière où
le pain manque, j'en donne, moi qui venais
en demander; quand des femmes, des enfants
pleurent, quand les souffrances de la misère

engourdissent des hommes jeunes encore, j'ai
de l'or pour les soulager, moi qui suis men-
diante ; je console avec ce métal, et il ne peut
rien pour moi... Eh bien donc, je n'ai pas vu
dans Urbin le comte Astorre de Faenza ; depuis long-temps il est au pouvoir du Valentinois. La duchesse d'Est a quitté Ferrare pour
se rendre auprès de son frère le Valentinois.

—Lucrèce Borgia !... Zingana, au retour de
la Magione, il faudra pénétrer auprès d'elle.
Sait-on rien de la comtesse de Forli ?

— La noble Catherine est toujours au château Saint-Ange, et nul de nous ne passe le
seuil de ce tombeau.

— Quelles nouvelles de Naples ?

— Le Grand-Capitaine bat les Français du
duc de Nemours.

—Gonsalve est vainqueur !... et puis encore ?

— Rien, si ce n'est qu'une femme de San-
Marino se rend seule à la Magione.

— Pauvre femme !... Adieu, Zingana. Du silence, de la discrétion.

— Mes secrets appartiennent à Florence.
Et quand a-t-on vu un membre de la grande

secte manquer à sa parole ? Adieu, citoyen; je
vais dormir, et demain je serai à la Magione.

Elle rentra auprès de sa compagne, que la
curiosité ne tenait pas éveillée. Marina, dans
un profond sommeil, pensait à son fils, et la
bohémienne s'étendit sur la paille auprès de
l'ambassadeur de la république du Titan.

Et Valentinois, à sa haute fenêtre, fixait
toujours de sombres yeux sur la montagne
menaçante.

— Toujours là qui me brave, pensait-il;
toujours libre quand la Romagne subit ma
loi : mais une loi d'équité et de protection.
César Borgia ne saurait être un de ces tyrans
plus occupés de dépouiller leurs sujets que
de les gouverner. J'en ai purgé cette partie
des terres de l'Église : comme Hercule, j'ai
abattu les têtes de l'hydre ; mais il en reste
encore. Les conjurés sont nombreux et puissants; si l'intrigue et la ruse ne parviennent
pas à les désunir, il faut tout tenter pour remporter sur eux une première victoire..... Mon
autorité, trop faiblement affermie dans ces
pays conquis ne résisterait peut-être pas à une

défaite... Ah! si je puis me venger des rebelles.
Leur défection fut si subite! Mais grâce au
Ciel, on ignore toujours dans mon armée
cette triste nouvelle, et la fortune a déjà tant
fait pour moi qu'elle n'abandonnera pas son
favori... D'ailleurs la sanction papale est là
pour consacrer toutes ses faveurs.

Et, quittant précipitamment cette place à
laquelle il était demeuré si long-temps dans
l'apparence d'une insensibilité complète, il se
mit à parcourir rapidement la salle, en s'arrêtant par moments :

« Cette conjuration infernale , se dit-il,
est l'œuvre de la Rovère; je reconnais son audace... Il s'acharne à mes succès ; ma gloire
l'offusque, et pour me combattre il voudrait
être à la tête d'une armée! Le titulaire de
Saint-Pierre-aux-Liens!... La robe rouge entra-
vera sa marche, et le pape est au Vatican....

« Mais pas de nouvelles de Rome!... ajouta-
t-il après une pause.

« Et la France, influencée par la politique tor-
tueuse de Florence, ne me sert plus comme
autrefois!...

« Cette situation devient insupportable.

« L'ambition se développe chaque jour dans mon cœur... Mais l'ambition, c'est la passion d'une âme bien trempée...

« Être maître de l'Italie! Réunir sous une seule volonté cette vieille reine du monde ; lui rendre la magie de son nom, la ranimer, énervée qu'elle est par tant de petits tyrans, au nom de la liberté, d'une liberté sans force et sans vertu... Ah! c'est la pensée d'une forte tête ; c'est le sentiment d'un cœur généreux...

« Cependant le vulgaire me flétrit comme il flétrit tout ce qu'il ne peut comprendre : on m'accuse, on me hait... Je suis né, dit-on, d'un adultère ; mais mon père est au-dessus des rois!... Ah! lorsque dans mon enfance j'étais confondu avec les fils de seigneurs toujours disposés à m'humilier, moi qui n'avais pas de nom qui rappelàt à Pise une seigneurie puissante, que j'ai de fois rêvé ce jour de la vengeance! Il est enfin arrivé!...

« La vengeance!... Trop douce illusion!...

« La vengeance? Quand un revers peut ren-

verser ce trône, dont chaque degré est une
ville conquise....

« Le succès d'une bataille tient à si peu de
chose! Les soldats sont si forts du moindre
avantage! Les peuples ont un si grand respect
pour la victoire, pour tous les genres de succès!

« Ah! je triompherai : mon armée est belle
et nombreuse...

« Mais existe-t-il au milieu d'elle un homme,
un seul, qui ait à défendre dans ma cause
quelque chose qui l'agite au cœur, qui lui offre un avenir doux et tranquille?... Non ; tous
se battent pour la paye. Pour la paye! et mes
ennemis peuvent la leur promettre plus
forte...

« Et pas de nouvelles de Rome! pas un
conseil pour sortir de cette situation terrible!
pas de nouveaux trésors pour rattacher les
rustres à ma bannière!...

« Mon père s'est-il endormi dans son blanc
suaire, alors que je n'ai pas de sommeil ?.....
Nos messagers nous sont dévoués, mais les
rebelles auraient-ils intercepté la route de

Rome ? Sinigallia est à eux, et cette ville nous ferme la Marche d'Ancône ? Mais Urbin m'appartient, et tous les chemins aboutissent à cette plage...

« Aurait-on remporté quelques avantages sur mes troupes dans le duché d'Urbin ?...

« Et pas un mot de mes agents secrets auprès des confédérés !...

« L'arrivée de Lucrèce a-t-elle un but secret, quelque importance politique ?... Une telle démarche cache-t-elle des secrets importants ? ou ce comte Astorre, ce damereau, serait-il l'objet de son voyage ?... Non ; Lucrèce Borgia peut protéger d'un mot ses nombreux courtisans..... Demain, je la verrai... cette idée me calme....

« Dormons : tout est tranquille dans le camp... j'ai besoin de sommeil.... Demain, je veux déguiser mes craintes sous l'appareil et la pompe d'une fête ; l'arrivée de ma sœur m'en fournit le prétexte....

« Ah !... le sommeil ne vient pas !... Un feu dévorant parcourt mes veines.... »

Pendant ce soliloque, son pas était lent ou

prompt, selon que la réflexion ou l'enthou
siasme, la peur ou l'espérance le guidait ir
térieurement. Par habitude, il s'arrêtait de
vant les larges croisées ouvertes, mais sans
regarder. D'autres fois il s'asseyait involor
tairement, et puis enfin se laissant tombe
sur son lit, il cherchait le repos ; il ferma
les yeux, appelait le sommeil ; mais l'agitatio
de son sang, la fermentation continuelle d
ses esprits, lui rappelaient de nouveau se
pensées les plus intimes, ses craintes secre
tes ; la prévoyance illuminait tout à coup cett
couche d'insomnies, ce lit de tortures mor;
les ; il se levait, retombait encore et toujoui
en vain. Le sommeil, c'est la trève que ne
désirs nous accordent, et le maître de la Re
magne ne l'était pas de l'Italie.

« Ils dorment, s'écriait-il en passant de l
fureur à l'abattement le plus absolu ; ils dou
ment sur les terres de Jean Baglioni, à Peru
gia, à la Magione, ces fiers barons, ces Co
lonne, ces Ursins, ces Savelli, ces Vitelli ; i
dorment bercés par l'espoir de me renverser
Et moi qui veux la Magione et Perugia, et leu

seigneuries à tous, je souffre, je m'agite, je
n'ai pas de sommeil... c'est qu'on ne dort tranquille que le lendemain d'une victoire, que
sur la couche de son ennemi... c'est que la
pensée du bien est aussi le vautour de Pro-
méthée. Tyrans sans vues, princes sans dévouement, suzerains sans protection, ils
dorment! et moi, qui n'ai de volonté que
pour la gloire et le bonheur des peuples, il
ne m'est pas accordé de clore mes paupières,
et d'oublier dans une nuit de repos.

« Ils dorment, les Bentivogli dans Bologne,
et leurs sujets dorment aussi, se détestant les
uns les autres, maîtres et gens. Et Bologne,
centre de la Romagne, n'est pas à moi, sous
la bannière pontificale ! Bologne, siége naturel d'un nouvel exarchat, existe sans influence,
comme un bourg, comme un champ où le
bétail broute et s'engraisse pour le couteau
du boucher.

« Si le sommeil plane avec la sécurité la
plus profonde sur les villes d'Urbin et de Sinigallia, et de Pesaro, et de Rimini, c'est que
je veille; c'est que leur territoire n'est plus

déchiré par les factions, livré à tous les dé-
sordres, à tous les excès ; c'est que je règne.
Les Malatesta , Jean Sforza, le préfet de
Rome, François de la Rovère, et le vieux
Montefeltre, sans une idée d'avenir, surgeons
du passé, ne donnant ni fleurs ni fruits, ont
été séparés par mon glaive de leurs troncs
morts ; et les braves seigneurs festoient dans
quelque palais de Venise, tandis que je songe
à réunir tous les partis, à calmer les mouvements que mon autorité de prince, que la
vigueur de mon administration pourraient
faire naître... ils dorment peut-être tandis que
je médite pour rétablir l'unité de l'ordre, pour
tâcher d'éteindre les souvenirs qu'ils ont lais-
sés, eux qui vivent sans souvenirs.

« Sont-ils moins tranquilles d'appartenir à
Rome, à César, à Borgia, les habitants d'I-
mola et de Forli ? Et sous un pouvoir qui est
juste et protecteur, parce qu'il est immense,
sont-ils troublés dans leurs nuits comme naguère, alors que la femme de Jérôme Riario,
l'impudique Catherine, se prostituait à Jean
Médicis, à Ursus ; que sais-je ? La mère sans

entrailles, la fille de Galéas Sforza, file au
fond du château Saint-Ange; et moi, je com-
mande une armée. Et que ferait, entre Forli et
Imola, le comte Astorre dans Faenza, ce
troubadour messager de notre sœur Lucrèce?
Qu'il dorme aussi, les arts donnent de doux
rêves; mais au maître de la Romagne, au
fils d'Alexandre VI, à Valentinois qui lève des
tributs dans son duché de France, dans sa
principauté de Piombino, dans ses seigneuries
d'Adria et de Vénafre, à moi des tourments,
à moi des nuits sans repos, mais une puissance sans bornes ; à moi l'avenir et le
monde; à moi le droit d'être équitable et
grand ; à moi le titre de prince!... »

En ce moment les fanfares du camp annoncèrent le jour.

XV.

De l'extrémité du camp jusqu'à la porte du
château, les troupes de Valentinois formaient
une haie d'honneur sur le passage de la duchesse d'Est. Sa litière était portée par quatre
chevaux blancs dont l'allure égale et douce
ne laissait pas sentir le plus léger mouvement
Les rideaux de brocard d'or relevés aux quatre coins formaient d'élégantes draperies, e
une gaze transparente garantissait la fille d'A-
lexandre VI des insectes incommodes que ses
valets chassaient loin des chevaux avec de
grands éventails de plumes d'autruche et de
paon : ces ondulations aériennes formaien
une atmosphère plus douce autour de leur
maîtresse. Des gentilshommes chevauchaien
devant elle ; une suite nombreuse de femmes

de pages et de laquais était commandée gro-
tesquement par le fou ducal, et ses saillies
bouffonnes, inspirées en ce moment par l'air
farouche des soldats étrangers, y excitaient la
gaîté la plus bruyante.

Lucrèce était à demi couchée sur des coussins; les rayons du soleil se jouaient dans sa
chevelure ornée de pierreries; ils dessinaient
les contours voluptueux de sa tête et de son
cou de cygne dont les poses étaient toujours
gracieuses : cet éclat du jour adouci par les
gazes permettait de distinguer ses traits réguliers et fins et le sourire ravissant qu'elle
adressait par moments aux officiers qui s'in-
clinaient devant elle. Mais ceux qui l'avaient
déjà vue ne retrouvaient plus en elle les mêmes charmes qu'autrefois; elle paraissait combattre une préoccupation constante : son sein
soulevé, son regard fixe, son maintien abattu,
tout annonçait la langueur et peut-être une
douleur secrète.

Le duc de Valentinois s'avança au-devant
de sa sœur entouré de ses gentilshommes, de
chevaliers et d'hommes d'armes : deux pages

fléchirent le genou devant la litière pour former un gradin; Lucrèce y posa le pied, appuya son bras sur le gantelet de fer d'un
écuyer, et tendit à son frère une main blanche
et délicate qu'il baisa avec toutes les marques
du plus profond respect. César conduisit la
duchesse de Ferrare dans une salle immense
où, sous un dais de pourpre, les armoiries
papales se voyaient au-dessus d'un fauteuil
retourné. Les enfans d'Alexandre VI s'assirent
sur des siéges de velours à un degré plus
bas, sur la même estrade, et reçurent les hommages des courtisans et des chefs de l'armée.
Durant cette cérémonie, des chanteurs et des
joueurs de viole faisaient entendre une douce
harmonie. L'éclat des costumes magnifiques
dont le frère et la sœur étaient revêtus éblouis-
sait les yeux, mais on oubliait ces richesses à
l'aspect imposant de Borgia, et surtout en ad-
mirant la taille légère et les grâces de la duchesse d'Est.

— Nous sommes bien heureux de vous voir,
madonna, dit le duc d'un ton de courtoisie chevaleresque, dans lequel cependant on eût pu

critiquer quelque chose de doucereux qui rappelait le prélat; il élevait la voix pour être entendu de ses flatteurs : vous ne pouviez venir
nous surprendre dans un moment plus favorable; nous nous reposons de nos victoires,
et nous n'avons pas d'ennemis qui osent tenter
de nous surprendre. Si j'avais pu prévoir votre
venue, tous les braves chevaliers que voici
devant vous se fussent distingués dans les
joutes d'un tournoi. Il n'est aucun d'eux qui
n'eût risqué sa vie pour recevoir de vos mains
le prix de la valeur... Depuis quand, madonna,
avez-vous quitté Ferrare? et comment se porte
notre beau-frère Alphonse, votre noble époux?

Lucrèce répondit: ses paroles étaient si douces et son accent si pur que tous ceux qui
l'entendirent éprouvèrent un frémissement de
plaisir; sa voix avait une sorte de mélodie;
mais dès que Borgia put lui parler sans craindre d'être entendu, il lui dit à voix basse :

—Qui t'amène Lucrèce?... Est-il quelque
secret que, seule, tu puisses me confier? Dois-
je craindre quelque trahison? Alphonse se
conduit-il en maître?

—Non, César, répondit-elle en cherchant à donner à ses traits une expression moins sérieuse; je ne viens que pour te voir.

—Pour me voir! Saint Michel! Je n'en crois rien; tes yeux sont abattus, tu fais de vains efforts pour sourire.

—Ne suis-je pas sûre de retrouver près de toi le calme et le bonheur?

—Que fais-tu? ta main cherche la mienne... Vois tous ces yeux qui sont fixés sur nous..... Tu soupires : ah! pauvre sœur! la douleur t'accable; tes lèvres ont de la peine à former ces gracieuses minauderies que la coquetterie a si souvent fait naître.

Mais à l'approche d'un groupe d'officiers, changeant aussitôt de langage, il ajouta du ton dégagé d'un supérieur :

—Madonna, ne reconnaissez-vous pas nos braves amis le baron d'Allègre et le marquis de Saluces? Je vous présente le baron Von-Hilhausen, chef de mes lansquenets. Voici M. d'Orignac que le roi de Navarre a chargé du commandement de mes joyeux Gascons, et M. de Bessey qui a bien voulu quitter son bailliage

de Dijon pour guerroyer un peu à la tête des
Suisses...

La duchesse de Ferrare leur adressa la parole; l'esprit de coquetterie sembla se réveil-
ler en elle et l'emporter un moment sur la
tristesse.

—Messieurs, continua Borgia, la duchesse
de Ferrare a fait le vœu de se rendre à Lo-
retto. C'est un pieux pèlerinage à la *santa
casa* qu'elle veut accomplir. Saint Michel!
notre devoir est de purger la Marche d'Ancône de tous les pygmées qui s'y trouvent;
l'honneur et la chevalerie nous le comman-
dent. Charlotte d'Albret, notre belle et noble
épouse, n'attend pour se rendre auprès de nous
que la fin de la campagne; nous pouvons espérer de voir bientôt la duchesse de Valentinois, messieurs, grâce à votre courage. Mais
place, place à notre fidèle Ramiro d'Orco.

Cette recommandation était, comme le pèlerinage supposé, un effet de la prévoyance
du duc; le grand-justicier était pour ces chevaliers un objet de mépris et d'horreur, et
ils se plaisaient à les lui faire sentir. Ils s'é-

loignèrent donc pour lui laisser un libre passage, en se gardant de se souiller par le contact
de ce hideux personnage : mais lui, ne voyant
que son maître, restait insensible à de telles
démonstrations de haine et de dédain; ses yeux
attachés sur ceux du duc y guettaient un ordre plutôt qu'un regard de bienveillance,
comme si pour lui l'un eût été moins banal
que l'autre. Cependant la duchesse reçut à sa
vue une impression pénible qu'elle cherchait
vainement à déguiser; le son de la voix et la
harangue à la fois vague et laconique du podestat augmenta encore la sensation secrète
dont elle se trouva saisie; et tandis que le chancelier Spanocchi et Agapit, les secrétaires, la
complimentaient, elle cherchait la cause du
trouble qui venait de passer dans son âme.

— Quel est cet homme? pensa-t-elle. J'ai
tremblé..... Pourquoi sa présence m'inspire-
t-elle des craintes? quel trouble funeste!... il
présage la douleur... Aurais-je fait un voyage
inutile?... Hélas!

Elle étouffa un soupir, et, chassant les idées
qui pouvaient attrister son visage et son main-

tien, elle rappela ses forces et retrouva son courage.

Pendant ce court moment de préoccupation, Agapit avait annoncé à son maître l'arrivée d'un envoyé de Florence.

— Un envoyé de Florence? dit Borgia à voix basse; êtes-vous bien sûr, Agapit, que ce soit un envoyé de Florence?

— Oui, excellence, répondit le confident; revêtu du titre d'ambassadeur de la seigneurie, il demande à présenter ses lettres de créance. Quand plaira-t-il à son excellence de le recevoir?

—Aujourd'hui, se hâta de dire Borgia, à l'instant même; qu'on l'introduise avec tout le cérémonial accoutumé.

L'éclat d'une espèce de fête se prêtait naturellement à la réception d'un ambassadeur, et Valentinois était trop habile à profiter des circonstances pour ne pas saisir celle-ci : la présence de la duchesse de Ferrare entourée de ses femmes et de ses gentilshommes ajoutait encore à la pompe qui suivait partout le fils d'Alexandre VI; il savait que l'art de produire les premières impressions entre pour quelque chose dans la science des rois. Cette ambassade de Florence, dans la situation présente des affaires de cette partie de l'Italie, devait avoir un but important. L'idée que la seigneurie s'était chargée de calmer les dissensions suscitées par les Ursins vint aussitôt rendre à ses esprits toute l'énergie du succès. Libre alors d'échapper à l'attention de la cour, le mouvement que cette réception fit naître lui permit d'expliquer à sa sœur les raisons qui l'avaient engagé à donner un prétexte plausible à sa présence dans le camp.

— Toutes les actions des princes, dit-il, sont exposées à la curiosité soupçonneuse du vulgaire, qui leur suppose toujours une intention secrète. On ne croira pas à ce pèlerinage impossible en ce moment, mais, du moins pour le plus grand nombre, c'est un motif... Ah! Lucrèce, qu'il est difficile d'échapper à ces regards qui semblent scruter la conscience, et lire ce qui se passe dans le cœur! Nous ne nous appartenons plus aujourd'hui ; nous devons compte de notre conduite à ceux

qui nous doivent obéissance : si nous avons
une volonté pour tous, nous n'en avons pas
pour nous-mêmes ; nous ne sommes plus libres, nous qui empêchons les autres de
l'être....

— Oui, mon frère ! répondit la duchesse ;
que de fois j'ai regretté, et combien je regrette encore aujourd'hui ce temps heureux
où Rome n'avait pour nous que des plaisirs !..

— Assez, Lucrèce ; oublions le passé. Nous
sommes assis sur des trônes, et celui de notre père est là, au nom du roi des rois......
Saint Michel ! que pouvons-nous avoir de
commun avec le plaisir !... Mais, encore une
fois, que viens-tu faire dans un camp où la
tranquillité n'est qu'apparente ?

— Que dis-tu, César ?

— On conspire contre mon élévation ; les
Ursins, les Savelli, tous ces hauts barons romains, si fiers et si puissants, ont conjuré ma
perte, la nôtre !... les Borgia sont l'horreur de
l'Italie.

— Quand l'armée triomphante du duc de

Valentinois étend ses conquêtes, que pouvons-nous craindre encore ?

— Des soldats mercenaires, dont les chefs se vendent au plus offrant.... Ah! si je suis jamais maître paisible de la Romagne....

—Depuis quand César a-t-il cessé de compter sur la fortune, et sur les secours de sa famille ? Alphonse d'Est a des hommes d'armes, et Lucrèce Borgia n'a pas trouvé jusqu'ici l'occasion de se dévouer à son frère.... Vois ces vains ornements qui me couvrent, c'est le prix d'une province ; penses-tu, César, que je puisse m'en parer avec joie, s'ils doivent te rendre une heure de repos ? Les joyaux de Jean Sforza, ceux du prince de Biselli et du duc de Ferrare sont à toi, mon frère : je serai heureuse et fière de ne pas devoir à des secours étrangers les regards que tu m'adresses.

— O Lucrèce ! double serpent, conspires-tu donc aussi contre moi ? Que s'est-il passé dans ta tête légère ? ne te souvient-il plus que tu ne m'engageais autrefois à quitter l'Église, à conquérir des villes, que pour les échanger

contre des bijoux ? Ma sœur, la fille de notre
père doit porter des trésors sans prix; des
provinces à ses oreilles et dans ses cheveux.
Garde les dons de tes maris, Lucrèce; je
n'oublie pas que dans la chapelle du Vatican
les ostensoirs sont d'or pur et ornés de dia-
mants. Saint Michel! les caisses pontificales ne
seront pas toujours vides, et la boue du
Ghetto (1) cache encore bien des doubles
d'or. D'ailleurs le roi Louis tiendra sa parole,
s'il ne veut que je joue la partie de M. Gonzalve.

— Plus bas, plus bas à votre tour, mon
frère; on s'approche ici; nous causerons à
l'aise dans mon appartement.

La duchesse venait de reprendre plus d'assurance; son maintien et ses traits annonçaient moins d'abattement; son regard hu-
mide, à moitié fermé, scintillait de séduction; elle suivait tous les mouvements du
duc; elle les interrogeait, et par une coquet-

_____

(1) Quartier habité par les Juifs, à Rome, et qui
était alors fermé à clef chaque soir.
                                  (*Note de l'Éditeur.*)

terie calculée, elle essayait sur lui ce pouvoir absolu de la beauté, auquel on est toujours soumis, même quand les liens du sang
affaiblissent son empire. Borgia d'ailleurs.......
Mais un héraut d'armes annonça Nicolas Machiavel, ambassadeur de la république de
Florence, et Valentinois ne put encore obtenir une réponse de sa sœur sur le but de
son voyage.

Machiavel entra dans la salle d'audience,
vêtu de l'habit poudreux d'un voyageur;
seulement il avait à la hâte passé par-dessus
son pourpoint de velours noir, une longue
simarre de même étoffe, couleur bleue mi-
partie rouge rayée d'or, comme pour représenter à la fois la seigneurie et le peuple de
Florence. La pompe de cette réception ne
parut faire aucune impression sur ses sens;
il suivait d'un pas ferme le héraut qui le
conduisait jusqu'au pied du trône, et, parvenu près de Valentinois, il inclina la tête;
mais, en la relevant, perdant tout à coup l'a-
plomb qu'il avait conservé dans sa démarche,
il pâlit, se troubla, et présenta d'une main

tremblante ses lettres de créance, sans oser
porter ses regards sur ceux du maître de la
Romagne. Cependant Borgia reçut avec cette
dignité froide, ce visage impassible qu'il savait
se composer pour les occasions solennelles,
les lettres qu'un de ses gentilshommes remit
entre ses mains ; il les parcourut comme pour
laisser à l'envoyé le temps de se remettre
d'une émotion ; puis, lui adressant la parole
avec un gracieux sourire :

— La seigneurie de Florence, dit-il, en
m'envoyant un ambassadeur, ne pouvait faire
un choix qui me fût plus agréable : messire
Nicolas Machiavel, votre renommée vous a
devancé dans notre cour, et je suis charmé
de vous y voir. Vous aimez la liberté de votre
patrie ; je sais que vous avez souffert pour
elle ; je me plais à honorer en vous un bon
citoyen de Florence, un diplomate qui a
prouvé son habileté à la cour de France, si j'en
crois le cardinal d'Amboise, un écrivain spirituel et gai, qui sait prendre aussi le ton sérieux
du moraliste, et, si j'ai bonne mémoire, un

homme à qui la théorie du grand art de l
guerre n'est pas plus étrangère qu'au du
d'Urbin, que Dieu garde!

Il prononça ces derniers mots avec un ai
si fin et si affable, que Machiavel reprit bien
tôt l'aisance du maintien qu'il avait perdue
l'aspect de César Borgia. Si ce dernier ava
mis beaucoup d'art dans l'arrangement de so
discours, l'ambassadeur, qui en avait inte
prété le sens mystérieux, n'y répondit pa
avec moins d'adresse et de dignité.

— Je m'empresse de remercier son exce
lence, dit-il, de la bonne opinion qu'elle
daigné concevoir de moi; je n'ai d'autre me
rite que celui d'aimer ma patrie et ses inst
tutions, et ce mérite est fort commun à Fl
rence, ainsi que son excellence ne doit pa
l'ignorer. La seigneurie me récompense d'
voir rempli mon devoir auprès du roi Loui
en m'envoyant auprès du duc de Romagne
de Valentinois, prince d'Adria et de Venafr
seigneur de Piombino...

Ces nouveaux titres de Borgia étant dans l

bouche d'un ambassadeur une reconnaissance
authentique, il fit un geste de satisfaction;
Machiavel poursuivit :

— Le même zèle pour la république m'ani-
mera partout où je porterai mes pas en son
nom. J'ai réfléchi, il est vrai, sur l'art de la
guerre, mais des théories incertaines sont
bien pâles auprès des glorieux trophées de
César Borgia. La bonté de son excellence me
touche, et je la supplie, dans l'intérêt commun de sa puissance et de la république Florentine, de m'accorder une audience.

— Mon empressement égale le vôtre, monsieur l'ambassadeur; nous vous recevrons
avec beaucoup de plaisir demain : Agapit,
vous entendez? Quant à cette heureuse soirée,
nous l'avons consacrée à notre sœur bien-
aimée, la duchesse de Ferrare.

Il fit un signe de tête; Machiavel s'inclina
profondément, mais leurs regards se rencon-
trèrent et s'entendirent. Alors le duc se leva,
mit un gant et tendit à sa sœur sa main recou-
verte pour la conduire dans les appartements
que de nombreux ouvriers avaient rendus di-

gnes de celle qui devait les habiter. Tandis qu'ils traversaient la salle au milieu de la foule empressée, un guerrier, la visière baissée, s'approcha de l'ambassadeur de Florence, lui pressa la main, et lui dit à l'oreille :

— Un ami de la liberté te supplie de suivre ses pas.

Machiavel se sentit entraîné à la faveur du bruit et du mouvement. Celui qui le guidait était couvert d'une armure ; un panache rouge surmontait son casque, et une longue écharpe verte entourait sa cuirasse. Sa voix douce avait quelque chose de résolu et de ferme qui inspirait la confiance. Le jour baissait, et les ombrages du jardin offraient un asile favorable à une entrevue secrète. Le guerrier franchit le portique, et quand, protégé par le feuillage, il ne put craindre d'être surpris, il s'arrêta devant l'envoyé de Florence et lui dit à voix basse :

— Parle-moi de la Montagne, de ses heureux habitants... As-tu seulement aujourd'hui quitté la hauteur sacrée, la roche tranquille et sainte ?

Puis, soulevant sa visière, il offrit au regard surpris du Florentin les traits du jeune Agosto.

— Tu l'as vu, continua-t-il, tu l'as vu dans sa toute-puissance, celui qui m'a donné le jour, celui qui, sur la Guaita, pressa ta main dans les siennes, parce que, sans te connaître, il t'accordait déjà son estime... Oh! laisse-moi prendre tous les parfums qui t'imprégnent, ils sont de ma patrie; laisse-moi contempler ici un être que j'ai connu libre quand j'étais libre, dont la voix étonna mes esprits... O noble citoyen! combien j'ai vécu en peu d'instants! Que ma pensée s'est agrandie près du maître de la Romagne... Mais parle-moi de Marina, de l'humble fille de là-haut : au sein des honneurs, mes soupirs sont pour elle; tous mes vœux tendent à la presser encore sur mon cœur reconnaissant.

— Marina te cherche loin de la montagne, répondit Machiavel heureux de revoir le jeune homme; mais, se rappelant aussitôt leur nouvelle position, il continua d'un ton plus respectueux : Agosto, cette femme courageuse s'est fait entendre à l'assemblée; elle a réclamé ses droits de mère pour vous justifier, car de graves accusations pesèrent sur vous quand on cessa de vous attendre : victime d'un traître, Marina vous a peint en proie à la trahison. Qui pouvait penser que, sous le nom d'un citoyen de Pise, le duc de Valentinois viendrait vous réclamer comme son fils? qui pouvait croire que César Borgia pût se rappeler une fille séduite!...

— Il est mon père, mais j'ai sucé le lait d'une femme de San-Marino : je suis, je serai toujours le fils adoptif de la montagne... Oh! quand pourrai-je encore errer sur ses pics et promener ma vue sur la plaine! quand pourrai-je compter les onze villes et prier sur la tombe du saint, cette tombe qui fut mon berceau! Citoyen de Florence, je chercherais en vain à bannir de ma pensée ces lieux où j'ai connu et pratiqué les devoirs de chrétien et d'homme libre... Mais il est mon père, celui dont le père donne et ravit les couronnes; je dois me courber sous son joug, et pourtant son ambition descend jusqu'à moi... Tout

en lui m'inspire un sentiment d'admiration et
de crainte ; son génie m'effraie, ses bontés
m'accablent : il éveille en moi des idées immenses ; cependant, en sa présence même,
mes rêves me ramènent au sein de ma patrie... Ah! qu'ils cessent de m'accuser, les pro-
tecteurs de mon enfance, les pieux citoyens!
Tant qu'une goutte de sang circulera dans
mes veines, mon cœur battra pour la liberté
de San-Marino : je veille sur elle, je reste ici
sa sauve-garde, je suis son ôtage aux yeux de
Dieu.

— J'admire ce noble sentiment de reconnaissance, dit Machiavel ; trop souvent les faveurs de la fortune pervertissent la droiture
de l'esprit. Jeune homme, quelque soit le
sort qui vous est réservé, vous n'oublierez
pas le bonheur que donne la liberté?

— Jamais... Ainsi donc, ma mère trouve
dans sa tendresse des forces et du courage ;
elle erre en appelant son fils. Bonne et chère
Marina! son image est là, devant mes yeux
et toujours! Quand on m'amène un cheval
dont la longue housse est brodée aux armoi-

ries papales, quand un écuyer d'un air respectueux m'enseigne à le dompter, je me
dis : que n'est-elle ici celle dont le regard
maternel suivait, il y a si peu de temps encore, mes moindres mouvements. Je voudrais
que sa présence vînt m'interdire toutes les
distractions que son absence me cause, lorsqu'un clerc versé dans les sciences me ré-
vèle des secrets qu'on n'apprend qu'aux
grands, lorsqu'il lit avec moi l'histoire de
Rome dans un livre imprimé. Et quand, au
milieu de tant de chevaliers accoutumés à
vaincre, je manie la lance et l'épée, je sens
qu'un mot de sa bouche me rendrait leur
égal, sinon leur maître. Alors je me souviens
qu'elle a dit, en étendant ses mains sur ma
tête : sois brave, je te bénis ; et je sens re-
doubler mon courage. Mais quand, livré à moi-
même je goûte le repos, je songe aussi à ces
paroles sacrées, à cet ordre qu'aucune puissance au monde ne peut m'empêcher de suivre : pense à Dieu. Oui, Dieu fait ma force
loin d'elle ; que Dieu la soutienne aussi loin
de moi ! Si je pouvais la revoir, feindre le

bonheur pour la rendre heureuse... Hélas!
elle erre en appelant son fils.

— Bon jeune homme, s'écria Machiavel en
le pressant dans ses bras, j'ai moi-même di-
rigé ses recherches, et trompé par un mot
échappé sur la montagne au faux citoyen de
Pise, c'est loin d'ici qu'elle porte ses pas.

— Ah! monsieur l'ambassadeur, dit Agosto
avec effroi, puisse-t-elle ne franchir jamais
l'enceinte de ce camp! Veillez sur elle, je vous
en conjure : cette armure est ma prison; et
j'ai promis au duc de Romagne, j'ai juré de
ne pas dévoiler le secret de ma naissance. Je
dois obéir à ses ordres; je ne suis pas prince
pour qu'il me soit pardonné d'être parjure:
mon sort, s'il n'est doux, sera du moins brillant; mais le sien, celui de ma mère! Que le
ciel m'aide! Je tremble d'y songer. Il se trouve
à la suite du duc des gens qui devinent sa
colère, et qui frappent au moindre signe....
Voyez ces salles brillantes de clartés ; ce matin encore, l'une d'elles, sombre et triste, ren-
fermait un prisonnier. Son crime était d'avoir
inspiré le soupçon... Je me flattais d'avoir ob-

tenu sa grâce ; mais les agents de la haute politique des princes sont des messsagers plus
prompts que celui de l'espérance : quand j'ai
voulu briser sa chaîne, le comte Astorre avait
disparu, et le silence le plus morne a seul
répondu à ma plainte. Ah! malheur à Marina
si jamais son vertueux ressentiment vient im-
portuner celui qui n'a pas de maître et qui
peut compter sur des esclaves dévoués!

— Je vous remercie, jeune homme, de me
croire digne d'une bonne action, votre confiance ne sera point trahie. Mais j'ai cessé
d'être, comme sur votre montagne, un citoyen
indépendant ; je suis devenu depuis quelques
instants l'ambassadeur de Florence, j'appartiens à la république. Je ne pense pas que
son excellence confonde les opinions de
l'homme privé, franchement émises à San-
Marino, avec celles que la seigneurie m'a ordonné de manifester ici en son nom. Puisse
une circonstance singulière, un hasard que
je ne dois pas encore qualifier, ne pas nuire
au succès de ma mission! Cependant, avec
vous, Agosto, mais avec vous seul, je con-

tinuerai d'être ce que je fus sur la montagne.

— Oui, restez toujours pour moi celui que
nos sages magistrats ont entouré d'hommages; celui qui d'une voix éloquente parlait
de gloire et de vertu... Ai-je balancé à me
jeter dans vos bras? Mon cœur s'est élancé
au-devant de vous, quand je vous vis paraître.
Votre émotion en reconnaissant le duc fut
pour moi un reflet de votre âme... Mais le regard de Valentinois n'a pas parlé : son visage,
toujours si mobile, n'a exprimé ni surprise,
ni plaisir, ni crainte.... Ah! monsieur l'ambassadeur, c'est un homme bien extraordinaire ;
on apprend beaucoup rien qu'à l'observer....
Mais n'entendez-vous pas marcher sous le
feuillage? On s'approche de ce côté... Écoutons.

— Enfin nous sommes seuls, dit une voix
qui fit tressaillir Agosto et son compagnon.

— Oui, je respire, ajouta une voix plus
faible et plus douce : que l'air est pur! que
le parfum de ces fleurs enivre les sens! Je me
retrouve près de toi... Combien je suis heureuse !

— Suivez-moi, dit Machiavel au jeune homme ; venez, il est des secrets qu'il n'est pas prudent de surprendre.

Et ce fut à son tour de l'entraîner avec violence,

XVI.

Pour donner au lecteur une idée plus nette de cette histoire, pour faire mieux connaître César Borgia et son époque, il faut nous transporter sur le territoire de Pérouse.

Deux voyageurs chevauchaient sur la route de Magione, l'un, couvert d'un casque et d'une armure complète, était le duc Pagolo des Ursins; l'autre, enveloppé d'une robe rouge et la tête ombragée par un large chapeau de même couleur, était le cardinal des Ursins, son frère : on voyait sur la housse de leur palefroi un écusson portant l'ours dont la noble famille tire l'origine de son nom.

—Holà! hé! vassale, viens ici! cria le cardinal en apercevant dans un champ une jeune fille qui gardait un troupeau.

La fillette accourut : son visage avait la candeur de ces madones que les peintres de l'époque et du pays, Pietro Perugino et Raphaël, nous ont laissées comme des types de l'art qui offrit long-temps aux chrétiens l'image adorée de la mère de Dieu.

—Que plaît-il à vos seigneuries ? dit-elle en s'agenouillant avec respect devant le haut dignitaire ecclésiastique.

— Par Bacchus ! s'écria celui-ci en la regardant attentivement; seigneur Pagolo, mon frère, voyez la belle enfant : ses traits sont aussi doux que ceux de ma vierge peinte par Saint-Luc, au dire du fripon qui me l'a vendue.

— Monseigneur, prenez garde, cette fille vous entend; votre chapeau de cardinal n'est pas pour vous le casque de Minerve... Parle, petite, n'est-il pas passé une troupe de gens d'armes?

—Si, seigneur, il y a peu d'instants, répondit-elle, et l'un d'eux m'a baillé ce bel annelet d'or; puis un autre cette croix bénite; puis un autre....

— Voyez donc, Pagolo, ses yeux sont brillants comme deux saphirs... Dieu béni! nous sommes scrupuleux, et nos gens cueillent toutes les fleurs qu'ils trouvent en chemin.

— Allons, monseigneur, marchons, nous sommes en retard; la nuit ne tardera pas à venir: j'aperçois derrière nous un groupe de cavaliers...

— Ma chère belle, y a-t-il encore loin d'ici à la Magione?

— Deux milles et plus, messeigneurs; mais si vos chevaux sont fatigués, il y a là-bas un ombrage.

— Hé! cher duc, avec quelle naïveté la pauvrette nous invite!...

— Y songez-vous, monseigneur? marchons, les cavaliers s'approchent, et nous sommes sans escorte.

— Je vous disais bien de ne pas l'envoyer à l'avance. Mais, si près de la Magione, cette cavalcade est sans doute composée de quelques barons de nos amis. Cependant nos chevaux ne sauraient nous servir en cas de danger, et vous n'ignorez pas, mon frère, que le

galop du cheval me fatigue... Adieu, fillette;
nous te bénissons *in nomine patri* avec les
trois doigts assemblés, symbole de la Sainte-
Trinité.

Les nobles frères continuèrent leur route;
mais quelque diligence qu'ils fissent, ils ne
tardèrent pas à voir les cavaliers arriver près
d'eux : cinquante hommes d'armes escortaient
deux seigneurs, dont l'un portait le costume
ordinaire des gens de distinction, avec une
longue chaîne d'or, tandis que l'autre, avec une
espèce de soutanelle d'étoffe noire, pouvait à la
rigueur passer pour un clerc. Le premier leur
adressa la parole en s'inclinant avec respect :

— N'est-ce pas le duc et le cardinal des
Ursins que nous avons l'honneur de saluer?
dit-il.

Le cardinal répondit avec gravité :

— Nous sommes ceux que vous venez de
nommer, seigneurs, vous le voyez à notre écu,
et nous vous le déclarons sans crainte, bien
que la prudence nous fasse une loi de connaître d'abord le nom de ceux qui nous font

une question devenue indiscrète dans ces temps de troubles.

— Monseigneur, répondit le nouvel arrivant, je suis Giovanni Bentivoglio, de Bologne, et voici le pronotaire (1) de Bentivoglio.

— Soyez les bien-venus, seigneurs, dit le duc des Ursins; Jean Paul Baglioni ne sera pas surpris de vous voir arriver en notre compagnie dans sa ville de Magione. Mon frère le cardinal a quitté Rome sous prétexte de se rendre à Bracciano; monseigneur le cardinal de Bentivoglio, votre frère, eût pu, ce me semble, venir de son côté. Plus les confédérés seront nombreux, plus il sera possible d'entreprendre contre Alexandre et son bâtard, que Dieu damne!

— Ainsi soit-il, seigneur duc, dit Bentivoglio; nous sommes tous intéressés à élever une digue contre le torrent. Les Borgia agissent comme le lion de la fable : c'est une leçon sévère pour les membres du sacré-collége.

— Avant et après sont deux époques bien

(1) Dignité civile qui tient au clergé et à la magistrature.   (*Note de l'Éditeur.*)

différentes, seigneur comte, repartit le cardinal, et mon cher collègue, votre frère, vous
dira la même chose. Dans le conclave, le
Saint-Esprit nous a promis, et hors de là, le
diable nous a tenu parole.

— Patience, poursuivit le duc, nos hommes d'armes ont de bonnes lances, et nous
pouvons enrôler plus de fantassins sous la
bannière de la vengeance que le bâtard de Satan n'en comptera jamais sous la sienne. Mais,
seigneurs, le chemin n'est si étroit que nous
ne puissions chevaucher quatre de front;
votre escorte nous suivra.

Le duc des Ursins et le comte Bentivoglio
se placèrent l'un près de l'autre, les deux
clercs cheminèrent ensemble.

— Allons doucement, messeigneurs; *chi va
piano va sano.*

— Et *lontano*, ajouta le pronotaire. César
le dépourpré ne suit pas cette maxime. Dieu
soit loué! Nous pouvons en conclure naturellement qu'au bout du fossé nous verrons
bientôt sa culbute.

— Hé! le diable sait tous les métiers! Je puis

vous assurer que Borgia était bon chevau-
cheur sous la robe rouge ; et jamais les ha-
quenées du saint Père ne furent ses montu-
res. L'amble était un pas trop lent pour voler
aux rendez-vous amoureux et pour surprendre le duc de Gandie, son frère, dans les bras
de madame Lucrèce sa sœur, ce dont il cre-
vait de jalousie, au dire de tous.

— Infâme race d'impudiques, d'incestueux
et de bâtards ! s'écria Pagolo des Ursins.....
Vous semblez surpris, seigneurs de Bentivoglio ; mais nous autres Romains, nous connaissons tous les hauts faits de la famille.

— Famille bien unie, mon frère, ajouta le
cardinal ; et Julie Farnèse, ou Madonna Vanozie, épouse adultère de ce pauvre Dominique
Arimano, doit se trouver fort heureuse d'avoir
donné le jour à cette fourmilière d'enfants
qui ressemblent tant à M. Borgia, leur respectable père. Par le prochain concile ! nous
mettrons au grand jour les infamies alexan-
drines et césariennes. Je veux être chassé du
conclave, si je ne fais des vers latins sur les
amours borgiales ; c'est un beau sujet pour

un poème épique, et Pétrone eût remercié
Apollon de le lui avoir inspiré. Lucrèce, que
le nom est bien trouvé! partageant ses faveurs à tous les membres de sa famille ; puis
les jalousies réciproques , les assassinats res-
pectifs , et la tiare et la pourpre couvrant le
tout de leur ombre respectée ! Ah! ah! ah!

— Vous m'étonnez beaucoup , monseigneur ,
dit le pronotaire : les crimes politiques de Valentinois sont connus de tout le monde ; j'a-
vais ouï dire en effet que le duc de Gandie
avait été trouvé, dans le Tibre, percé de
neuf coups d'épée, mais j'étais loin de croire
qu'une intrigue amoureuse eût été le motif
d'un tel meurtre , et que son frère en fût
l'auteur.

— Ah ! notre saint Père Alexandre accorde
à ses enfants les indulgences et les dispenses
qu'il s'accorde à lui-même , poursuivit le cardinal. Mais, seigneurs Bentivogli, comment
avez-vous pu vous rendre sans dangers de
Bologne en ces lieux ? Votre escorte a-t-elle
suffi pour vous protéger contre les hordes de
barbares que le vandale attire sans cesse sous

le beau ciel de l'Italie ; ce César ibérien, ce
Borgia de France, comme il s'intitule par la
grâce de l'enfer, son vrai pays natal.

— On ne saurait, dit-on, ajouta le duc,
faire un pas sur les routes de la Romagne,
qu'on ne les trouve gardées par des sbires,
un bourreau à leur tête.

— Nous avons pris la route de Florence,
répondit le comte, et le mystère le plus profond a protégé notre route jusqu'au lieu du
rendez-vous donné par Spinelli : notre escorte est composée des hommes de Vitellozzo,
que la maladie retient à la *cità di Castello.*

— Comment, seigneurs, les Vitelli nous
manquent ?

— Non, non ; mais leur chef s'y fera représenter !

Le duc des Ursins fronça le sourcil d'un
air indigné, mais il crut prudent de ne pas
agiter un tel sujet de conversation, et il se
hâta de dire :

— Ce pauvre Thomas Spinelli ! seigneurs,
quel mal il se donne ! Il se multiplie pour
notre cause, c'est l'âme de la confédération ;

il mérite bien que le congrès lui fasse une petite seigneurie de morceaux.... Mon frère en sera le collecteur... mais j'aperçois le clocher de Magione.

— Et moi j'entends sonner l'*Angelus* : découvrez-vous, messieurs, n'oublions jamais ce que nous devons à Dieu. *Ave, Maria, gratia plena....*

Le cardinal marmotta le reste de la prière, et les voyageurs furent bientôt sous les murs de la ville où se rassemblaient les ennemis de Valentinois.

Thomas Spinelli semblait attendre à la porte de Magione l'arrivée des confédérés. Factotum de la conspiration, il remplissait les fonctions de maître des cérémonies et de quartier-maître comme il avait exercé celles de courrier ; il fit conduire les seigneurs Romains dans la maison où le duc de Gravina les avait devancés, et les seigneurs bolonais dans celle qui leur avait été préparée. Mais Jean-Paul Baglioni attendait encore d'autres hôtes, et Spinelli resta sur la muraille à guetter l'arrivée des barons.

Le mystère qui devait protéger la réunion
de la Magione et en assurer le succès n'a-
vait pas empêché les conjurés d'étaler, durant
leur voyage, le luxe dont le goût s'est transmis chez les Italiens jusqu'à nos jours. Une
suite nombreuse et des vêtemens dorés donnaient à leur incognito plus d'importance et
d'éclat que n'en eût reçu une conférence
annoncée au son de trompe. L'un avait son
fou favori, l'autre son astrologue, un troisième sa maîtresse; aucun peut-être n'attendait de conseils de sa propre raison; et celui
qui, comme Spinelli, n'était pas assez puissant pour avoir des varlets, des pages et des
écuyers, avait du moins pour y suppléer une
basse servilité auprès des grands, et un orgueil indomptable auprès des petits, de telle
sorte qu'il faisait tout autant de bruit qu'un
autre. Cependant, par un hasard dont chacun tirait un heureux augure, aucun des nobles voyageurs n'avait eu à éviter ou à combattre sur sa route les piquets errants de
Valentinois. Le bon droit, ou, ce qui semble
tel, la grâce spéciale qui fait regarder la

cause que l'on sert comme la seule bonne
et la seule juste, inspire trop souvent une
confiance aveugle qui empêche de prévoir.
Les conjurés s'étaient avancés avec la certi-
tude que Borgia ignorait complétement leurs
manœuvres, et il ne vint à l'esprit d'aucun
d'entre eux de penser que, par une politique
adroite, Valentinois, feignant de ne pas paraître instruit, laissait ses ennemis au sein de la
sécurité et de l'espérance, comme il arrive
d'ordinaire à ceux qui comptent sur la fortune , afin de pouvoir plus sûrement les
surprendre ou déjouer leurs complots.

La confusion la plus grande, le bruit le
plus étourdissant régnaient dans la petite ville
de Magione ; déjà plusieurs réunions préliminaires y avaient eu lieu, mais on regardait
celle-ci comme la dernière et la plus importante , et cet espoir l'avait rendue plus nombreuse que les précédentes. Un seul des chefs
manquait, mais on expliquait son absence :
cependant aucun des conjurés ne se dissimulait, à part soi, que le prétexte de Vitellozzo
pouvait bien couvrir une trahison, s'il se

trouvait intéressé à trahir; mais on était disposé à croire aveuglément à sa maladie réelle
ou feinte, pour profiter de la force morale
attachée à la renommée de ce condottiere ;
d'ailleurs le succès devait l'attacher à l'entreprise, et son nom seul pouvait produire le
succès.

Les Ursins jouissaient dans cette assemblée
de la haute considération que donne la puissance; les ducs de Gravina et Pagolo des Ursins avaient été les premiers à donner le signal
de la défection en désertant la bannière des
Borgia pour lever celle de la révolte. Mais leur
haine contre Alexandre VI n'était qu'un juste
retour de celle que ce pape manifestait contre
les barons romains dont il convoitait les richesses. Bientôt le parti de l'opposition s'était grossi
de tous ceux dont les intérêts se trouvaient
froissés par l'esprit de conquête et l'exigence
de Valentinois. Jean Paul Baglioni, voulant défendre le territoire de Pérouse, avait lié à la
conjuration Oliverotto de Fermo, Pandolphe
Petrucci, et son ministre, Antoine de Vénafre;
les Bentivogli, de leur côté, y avaient en-

traîné Jean de Rossetto et d'autres condottieri moins célèbres; les Vitelli ne cherchaient
que des occasions de guerroyer, et les Colonna
et les Savelli se réunissaient à ces mécontents,
par le seul désir d'affaiblir la puissance que
les Borgia augmentaient chaque jour au dé-
pens de tous les petits tyrans de l'Italie du
centre. Venise enfin, privée de ses possessions
et de son influence en Romagne, avait orga-
nisé cette ligue redoutable, en promettant
des secours aux seigneurs dépouillés, et en
envoyant secrètement auprès des insurgés le
comte Pitigliano avec des pouvoirs fort éten-
dus. Mais, jusqu'alors, la prudente politique
ce représentant s'était bornée à ne se prononcer ouvertement sur rien, à laisser tout faire
sans jamais se compromettre. Venise craignait
la France et Rome, c'est-à-dire le pouvoir
temporel d'un côté, et le pouvoir spirituel de
l'autre.

Des motifs d'un ordre moins élevé avaient
rendu Thomas Spinelli l'un des principaux
agents de la révolte. Ses six laquais déguisés
en soldats ne s'étaient point vus dans la néces-

sité de combattre la phalange victorieuse,
quoiqu'ils se fussent trouvés face à face avec
elle. Valentinois était toujours sans défense
contre les armes qui avaient protégé le petit
fief du gentilhomme, et tandis qu'il se cachait prudemment, sa femme, comptant avec
raison sur le pouvoir de ses yeux, s'était
montrée au conquérant pour s'assurer une
conquête. César Borgia avait daigné s'arrêter
dans la tourelle de Spinelli; ses six soldats,
redevenus laquais, n'avaient eu qu'à se féliciter de sa munificence, et le mari se serait
probablement résigné aux suites inévitables
de la guerre, si les choses en fussent restées
là. Mais, quand il revint au logis, rien n'annonçait le passage d'une armée dévastatrice;
tout se trouvait dans l'ordre accoutumé, le
donjon semblait même avoir un certain aspect de grandeur qu'on n'y remarquait pas
avant l'événement dont nous venons de faire
mention : mais il y manquait la dame châte-
laine. On n'entendait plus les sons harmonieux
de sa voix unie à ceux du théorbe; la voûte
où le peintre avait imité les couleurs d'un

ciel étoilé était muette et sombre; la douce
mélodie charmait maintenant les sens d'un
ravisseur, et, dans l'impossibilité où le seigneur châtelain était d'appartenir à la noble
classe des princes dépouillés, il avait trouvé,
dans sa fureur jalouse, le moyen de s'attacher
à leur parti et de caresser sa vanité aux dé-
pens de son honneur : quoique toutes les
cours eussent retenti de l'éclat de sa triste
infortune, il ne cessait de porter fièrement la
tête. Quelque réel et pressant que fût le péril
commun, il n'empêchait pas qu'on ne se
permît de rire un peu de ce Ménélas dans l'assemblée de ces Grecs nouveaux; la raison en
était simple : Valentinois, en lui rendant sa
femme, se justifia pleinement du crime de
rapt, et l'Hélène rendue à son noble époux
avait, en le revoyant, versé plus de larmes
qu'il n'était peut-être décent d'en répandre.
La haine de Spinelli contre Borgia semblait
si naturelle et si forte, qu'il était devenu le
principal agent, sinon le moteur, de la ligue
formée dans l'intérêt de la féodalité italienne.

Tous les conjurés rassemblés, on résolut

d'ouvrir la conférence par une cérémonie
religieuse, afin de donner aux décisions qui
allaient être prises le caractère légal et solennel qu'imprime à toute chose la sanction divine. C'était transformer le conciliabule en
congrès, et la conspiration en réaction naturelle. Le cardinal des Ursins chanta lui-même
le *Veni, Creator ;* la pompe ecclésiastique faisait oublier qu'on agissait contre le hiérarque
de Rome; l'ordre et la gravité de l'assemblée
paraissaient aux yeux de chacun un présage
assuré de succès : les guerriers s'efforçaient
de manifester, par leur contenance, l'ardeur
martiale qu'ils devaient bientôt signaler; les
clercs, non moins qu'eux, portaient la tête
haute et gonflaient leurs joues du souffle de
l'orgueil satisfait : toutes les passions humaines
semblaient représentées sur ces visages épa-
nouis, comme si les confédérés n'eussent été
que leurs dignes mandataires.

La cérémonie étant terminée, la séance
s'ouvrit avec toute l'apparence d'un calme
imposant; mais bientôt, le naturel reprenant
le dessus, les membres de l'assemblée furent

plus occupés d'eux-mêmes que de l'objet de la
réunion; le bruit remplaça la dignité du sang-
froid, les concetti et les phrases pompeuses
succédèrent à la force éloquente d'un silence
attentif, et l'arrangement des petites choses, le
droit de préséance, la vanité des titres, occu-
pèrent beaucoup ces princes, qui paraissaient
s'être réunis pour jouter de magnificence. Cependant, au milieu de ces hommes chamarrés
de broderies éclatantes, une grande figure se
dessinait de pourpre sur un fond d'or; c'était
de la Rovère, cardinal de Saint-Pierre-aux-
Liens : réuni aux mécontents de son plein gré,
sans qu'il y eût été convoqué, il paraissait
agir au nom de son neveu, François de la
Rovère, seigneur de Sinigallia, mais au fond
pour venger les torts dont César Borgia s'é-
tait rendu coupable envers lui-même. D'un
caractère ardent, inquiet, remuant et fourbe,
ayant le sentiment de la puissance de son
génie, il s'était proclamé président de l'assemblée, parce qu'il avait compris que lui
seul méritait, non cet honneur, mais cette
charge.

Dédaignant le vain cérémonial auquel on
avait assujetti les moindres actions des princes de l'Église, le cardinal de la Rovère annonçait dans ses mouvements l'énergie d'un
soldat. Sa voix, toujours sonore, avait par moments, quelque chose d'étrange qui rappelait
ces messagères de la foi, ces cloches qu'on
avait si souvent et si diversement agitées pour
la discorde, les combats et le triomphe ; ses
yeux étincelaient à la vue d'une lance ; sa
cape rouge avait la forme d'un heaumier ;
l'on croyait entendre sous sa longue robe le
bruit criard d'une cotte de mailles ; ses sourcils épais et ses moustaches d'un noir luisant
semblaient partager son visage, et y marquer
distinctement les principaux traits de son caractère : par le front son génie audacieux et
réfléchi, par le regard l'impétuosité de sa volonté, par la bouche sa cruauté naturelle ; et
placé à la tête des ennemis de Valentinois par
l'influence morale de sa supériorité, il devait
effrayer plus à lui seul l'usurpateur de la Romagne que tous les confédérés ensemble. Il se
montrait insensible à la mollesse de leur vie.

et son langage laconique constrastait avec
leur éloquence verbeuse, comme son extérieur
mâle avec leur maintien fatigué. Mais ce qui
l'animait surtout contre son ancien collègue
tenait à un intérêt d'un ordre si élevé, qu'aucun n'en pouvait mesurer la hauteur : c'é-
tait un rival qu'il fallait renverser. Le cardi-
dinal de Saint-Pierre-aux-Liens laissait déjà
pressentir ce qu'il serait plus tard sous le
nom de Jules II.

Le tumulte des prétentions individuelles
régna long-temps dans le congrès ; chacun fit
valoir ses droits d'un côté, ses griefs contre
Valentinois de l'autre, et tous exhalèrent plus
de haine qu'ils n'exposèrent de motifs plausi-
bles. Tous peignirent le désordre de la vie
privée de leur ancien maître, comme si eux-
mêmes eussent pu tranquillement interroger
leur conscience. Ces princes, naguère à la
solde de celui qu'ils accusaient, ne rougis-
saient pas de parler au nom de la vertu, et
comme s'ils eussent reçu la mission de purger le titre de prince et le droit de gouverner des souillures que, selon eux, le tyran y

avait attachées; l'inceste, le viol, le rapt, le
parjure réclamaient vengeance ; et aucun
d'entre ces accusateurs n'eût pu se laver de
semblables accusations, si les peuples avaient
eu la coutume d'élever leur voix devant un
autre tribunal que celui de Dieu. Mais de la
Rovère, impatient d'employer le temps de la
séance à des délibérations, couvrit de sa voix
puissante toutes les autres voix.

— Par saint Paul et son épée! dit-il, seigneurs confédérés, il est honteux de perdre
un temps précieux à clabauder comme des
matrones : finissons, finissons; nous ne sommes pas ici pour juger Valentinois, mais pour
aviser aux moyens de le renverser.

Le duc des Ursins et quelques autres condottieri appuyèrent fortement cette opinion.

— Sans doute, nobles seigneurs, ajouta le
cardinal des Ursins; il s'agit d'abattre le co-
losse, mais pour le vaincre, il faut le combattre : il faut décider avec quelles armes,
en quel lieu on doit lui livrer bataille.

— Le territoire de Bologne est menacé !
s'écria aussitôt le pronotaire de Bentivoglio

— Celui de Perugia avoisine Urbin, dit à son tour Baglioni ; c'est là qu'est le danger.

— Arrêtons les pas de l'ennemi dans la Marche d'Ancône , poursuivit Oliverotto de Fermo.

— Battons-le partout où nous pourrons l'atteindre , répondit de la Rovère, en agitant son bras d'une manière terrible.

Mais le comte Pitigliano , avec toute la souplesse d'un talent consommé et l'adresse reconnue des agents de Venise, fit comprendre que l'intérêt commun exigeait qu'on essayât d'abord de délivrer la Romagne, pour que les rangs des confédérés fussent bientôt grossis de la présence des seigneurs dépouillés.

Cette proposition excita des réclamations nombreuses ; on la combattit de tous côtés ; il fallait, selon les désirs de chaque membre intéressé, préserver avant tout les seigneuries que Borgia s'apprêtait à envahir ; l'assemblée devait sa protection à chacun de ses membres ; Jean Sforza, François de la Rovère et les Malatesta s'étaient trop hâtés

d'abandonner leurs villes pour qu'on s'em-
pressât de les réintégrer dans leurs droits.
Ainsi un égoïsme funeste vint distraire de la
pensée féconde d'une cause commune ; le
trouble d'une discussion violente éloigna le
le sang-froid et la prudence nécessaires dans
des circonstances si grandes ; peu à peu l'ai-
greur s'en mêla ; les plaisanteries succédèrent
aux raisonnements, et, par une sorte d'aveu-
glement, de prédilection ou de grâce d'état,
rien n'altérait la sécurité de l'assemblée. Oliverotto comptait sur l'habileté consommée
qu'il avait pour la trahison ; Pandolphe Petrucci se fiait aux conseils d'Antoine de Vénafre ; celui-ci était rassuré par les forces des
barons romains ; les Ursins et les Savelli, intéressés à affaiblir l'ennemi avec des troupes
étrangères avant de compromettre les leurs,
calculaient l'espace qui séparait encore Valentinois de leurs possessions ; Baglioni pensait
qu'on ne quitterait pas son territoire avant de
le garantir du danger, et les Bentivogli, en
voyant parmi les confédérés un envoyé de
Venise, ne songeaient pas que l'or pût être

épargné, et que le parti n'eût bientôt à sa
solde tous les condottieri de l'Italie.

— Soyons sans crainte, messeigneurs, dit
enfin le cardinal des Ursins, avec une témé-
rité bizarrement exprimée par sa face joufflue:
Dieu béni! nous triompherons, car nous devons triompher. Le grotesque César repassera
le Rubicon, je me charge de chanter nos victoires à la manière de Lucain. La devise de
Borgia : *Aut Cæsar, aut nihil*, est déjà la risée
de tout homme sensé... J'ai fait, à l'occasion
de cette devise, certain distique que je veux
soumettre à la latinité de l'assemblée...

Le cardinal toussa fortement, leva ses yeux
au ciel, et, après avoir hésité plusieurs fois, il
déclama ces vers avec emphase :

> Aut nihil, aut Cæsar vult dici Borgia : quidni?
> Cùm simul et Cæsar possit et esse nihil.

Des applaudissements nombreux félicitèrent
le poëte latin; il se crut obligé de prendre le
maintien modeste, qui est toujours celui d'une
telle circonstance.

—Mille grâces, nobles seigneurs, continua-t-il, mille remercîments; je conviens que ce distique n'est pas mal, mais peut-être celui-ci vous plairait-il davantage :

> Borgia Cæsar erat factis et nomine Cæsar ;
> Aut nihil, aut Cæsar dixit : utrumque fuit.

Les félicitations recommencèrent; mais, à la faveur du bruit, Antoine de Vénafre s'approcha du président, et leur conversation secrète fut protégée par la voix du cardinal des Ursins qui, tout fier de son succès, songeait à en prolonger le cours; sentiment d'auteur, comme la modestie en est le maintien.

— Quelques personnes, poursuit-il, admirent le *quidni* de mon premier distique, d'autres préfèrent l'*utrumque fuit* du second; cependant il en est qui trouvent ce troisième distique infiniment supérieur aux précédents; écoutez, nobles seigneurs :

> Omnia vincebas, sperabas omnia, Cæsar ;
> Omnia deficiunt, incipis esse nihil.

Ici, la gaîté de l'assemblée se manifesta par un gros rire, et ces transports frivoles durèrent si long-temps que la contenance de celui qui les causait en fut visiblement embarrassée, car il était impatient de se faire entendre encore :

— C'est, comme vous le voyez, nobles seigneurs, reprit-il, le même trait, toujours le même ; mais ce quatrième distique...

— Corps-Dieu ! s'écria tout à coup d'une voix tonnante le cardinal de Saint-Pierre-aux-Liens; et, frappant d'une épée nue la table qui se trouvait devant lui, il rendit l'assemblée muette de surprise. Corps-Dieu ! pensez-vous terrasser un tigre avec du latin, comme on exorcise avec un peu d'eau? Laissez-là, croyez-moi, vos épigrammes, vos vers, et courez prendre des mousquets et de longues pertuisanes. Changez ces vêtements dorés contre des soubrevestes, des cuirasses et des cuissards de fer, du fer de Milan, corps-Dieu! Par saint Paul et son épée! mon collègue des Ursins prend mal son temps pour débiter ses *Cæsar* et ses *nihil*, quand, en bon Italien, nous devrions déjà commander la manœuvre à nos hommes d'armes. Messieurs, ce n'est pas de

beau langage qu'il faut vis-à-vis de Borgia, mais
de grands coups de lances. Allons, allons, aux armes ! C'est le discours le plus éloquent que je
puisse entendre. J'ai de l'argent, j'ai beaucoup
d'argent; car je le serre pour des bonnes occasions; fournissez-moi donc des hommes, et
je vous promets de faire la guerre aussi bien,
si ce n'est mieux, que tous les Borgia du
monde avec leurs Français et leurs Gascons.
Songez, seigneurs, qu'il est un Louis XII à
combattre, si nous ne voulons pas tomber de
fièvre en chaud-mal.

Le ministre de Petrucci avait provoqué
cette sortie vigoureuse mais sage ; il avait compris la nécessité de ramener encore une fois
l'assemblée à son but unique ; et la Rovère,
que la nature avait doué du génie des grands
capitaines, pour ne pas laisser aux bavards le
temps de se rallier, profita du silence que l'é-
tonnement venait de produire et qui lui assu-
rait la victoire :

— Aux armes ! continua-t-il ; des hommes !
des hommes et de l'argent ! Tout ce que je
possède est au service de la confédération. Je

ne fais cas d'un écu que lorsqu'il sert à la
paye du soldat : seigneurs des Ursins, combien
d'hommes fournirez-vous à l'armée coalisée ?

— Deux mille fantassins et trois cents chevaux, répondit le duc de Gravina.

— Les Savelli en promettent autant, ajouta
un des membres de cette famille.

— Voilà déjà quatre mille fantassins et six
cents cavaliers, ajouta la Rovère en récapitu-
lant.

— Pandolphe Petrucci portera l'armée à six
mille hommes, ajouta Antoine de Vénafre.

— Six mille hommes! répéta le président
d'une voix joyeuse et terrible.

— Joignez mes soldats aux vôtres, dit à son
tour Oliverotto; l'Italie connaît leur valeur.

Jean-Paul Baglioni et les Bentivogli promi-
rent leurs troupes; Spinelli, tout en prenant
note des promesses, rappela l'absence de Vi-
telozzo; et le comte Pitigliano, charmé de la
tournure nouvelle que prenaient les choses,
donna, au nom de la seigneurie de Venise,
l'assurance de subsides considérables.

— Par saint Paul et son épée! qui nous ré-

sisterait? s'écria de nouveau le cardinal-pré-
sident. Allons au fait, mettons-nous à la tète
de nos soldats : *saint Marc et les Ursins!* voilà
notre mot de ralliement. Tuons, tuons! point
de quartier pour les troupes du traître.

Entr'ouvrant alors sa robe rouge, il parut
couvert d'une armure complète, et plaçant
sa longue épée sur un livre d'Evangiles, il fit
le serment solennel de s'emparer de la Romagne. Ce mouvement inattendu produisit
un vif enthousiasme, et sortit pour un moment chaque confédéré du cercle étroit où
l'égoïsme emprisonnait ses facultés.

On allait se séparer jusqu'au lendemain,
quand l'apparition subite d'un nouveau personnage prolongea la séance.

C'était une femme : rien dans ses vêtements
n'annonçait une naissance élevée; cependant,
soit que l'élégance de sa taille leur prêtât
quelque noblesse, soit qu'elle eût mis elle-
même de la recherche dans la disposition de
son ajustement, il y avait dans sa simplicité
quelque chose qui donnait à toute sa personne un air de distinction. Ses traits étaient

beaux, quoique altérés par la douleur : l'assurance de son maintien et l'expression magique de son regard disposa favorablement
l'assemblée. Tous les yeux se portèrent sur
Spinelli, dont le sourire malicieux semblait
dire : Encore une victime.

— Qui t'amène ici, femme ? demanda le
cardinal de la Rovère en cherchant à adoucir
sa voix.

Elle ne répondit qu'après avoir examiné
avec une attention lente tous les seigneurs
qui composaient le congrès. Cette action était
imposante sans que rien n'en annonçât la
prétention.

— Celui que je cherche n'est pas parmi
vous, dit-elle avec une vive émotion.

— Qui cherches-tu donc ?

— Un traître, un ravisseur.

— Ce n'est pas dans nos rangs qu'il doit se
trouver. Va dans le camp de Borgia.

— J'irai.

— Mais parle, qui es-tu ? que viens-tu faire
ici ? Que veux-tu de nous ?

— Je suis Marina, de San-Marino ; je veux

mon fils... Cependant, quand j'ai quitté ma
montagne et le toit où Marino della Penna,
mon père, a vécu quatre-vingts ans, et trois
fois le chef de l'État, j'ai promis de me rendre à la Magione et de dire aux seigneurs assemblés les secrets confiés à ma prudence.

Il y avait tant de dignité dans le ton de
l'ambassadeur femelle de la petite république, que le rire d'ironie qu'avait fait naître
sa présence soudaine resta suspendu sur les
lèvres des membres de l'assemblée. Cependant le cardinal des Ursins, se penchant vers
le duc Pagolo, lui dit à voix basse :

— Mon frère, cet ambassadeur me rappelle votre intendant de Bracciano, qui re-
mettait à la laitière vos messages pour Rome,
quand il y allait de vie et de mort.

Mais de la Rovère interrompit ce chuchot-
tement importun par un mot énergique, et
Marina, écoutant cet instinct secret qui nous
fait reconnaître ceux qui doivent nous comprendre, se tourna vers le cardinal et ne s'a-
dressa plus qu'à lui.

— Vous n'avez pas appelé dans votre as-

semblée un représentant de San-Marino, dit-
elle avec le calme d'un orateur exercé; mais
nous avons su par un citoyen de Florence,
ami de la liberté, que les ennemis de Valentinois se réunissaient à la Magione.

— Un Florentin! s'écrièrent en même
temps plusieurs membres; notre secret est
découvert? Que Spinelli réponde : Est-il un
traître parmi nous ?

Spinelli affirma qu'il ne s'était ouvert qu'au
conseil des Dix; il avoua qu'il ne concevait
pas qu'un citoyen, étranger au gouvernement
de Florence, possédât un tel secret. Le mécon-
entement se peignit sur tous les visages.

—Nous sommes trahis! s'écriait-on de toutes
parts; Florence n'a point répondu à notre
appel, et sans doute la perfide seigneurie se
ligue avec Borgia.

— Vous craignez? ajouta le cardinal de la
Rovère avec une joie toute guerrière; tant
mieux! C'est une raison de plus pour agir
sans retard... Mais, seigneurs, faites silence;
écoutons cette femme, qui parle au nom d'une
ville indépendante

Marina poursuivit :

— Les ennemis de Valentinois seront les
alliés naturels du duc d'Urbin, et la cause de
ce noble prince a toujours été celle des hommes libres de San-Marino. Quoique notre république soit pauvre, seigneurs, elle saura défendre ses institutions ; et plus encore, elle
désire contribuer au retour du fils de Frédéric de Montefeltre dans l'héritage de ses
pères. Si vous voyez devant vous une femme
chargée d'une mission importante, c'est qu'en
ce moment, sur la montagne, tous les hommes apprêtent leurs armes et se disposent au
combat, bien que le saint fondateur de notre
État nous ait recommandé la paix du Sauveur ;
mais si nous sommes coupables en transgres-
sant sa sainte loi, que la faute en retombe sur
les puissants qui nous y contraignent.

— Braves San-Marinois ! s'écria de la Rovère, je n'oublierai jamais leur vertu !... Vous
le voyez, seigneurs, les ruses de la politique
ne valent pas les coups de la lance. La meilleure politique, c'est la victoire. Mais, conti-

nue, digne citoyenne; l'âme d'une Romaine
revit en toi.

— C'est une Cornélie! dit à son tour le
pronotaire de Bentivoglio.

— C'est plutôt une Clélie, ajouta le cardinal des Ursins.

Et nul dans cette assemblée ne se rappela
qu'elle était chrétienne et mère.

— Maudite soit ma langue, se hâta de dire
le président, puisqu'elle a été assez impru-
dente pour prononcer un mot qui pût servir
à délier la vôtre. Silence! écoutons.

— Écoutons! écoutons! Parle, femme, parle!
s'écrièrent les autres conjurés en portant sur
l'envoyée de San-Marino un regard d'espérance.

— De fidèles sujets de Guidobaldo, continua Marina, car les bons princes en conser-
vent toujours dans l'infortune, des habitants
d'Urbin, de Cagli, et même de San-Léo, dont
la forteresse inexpugnable fait l'orgueil de
Borgia, sont accourus sur notre montagne,
afin de s'entendre avec nous : les citoyens de

ces trois villes seconderont toutes les tenta-
tives de délivrance au premier signal qui leur
en sera donné ; mais , seigneurs, nos magistrats ont pensé que l'union fait la force,
ils ont chargé Marino Giangi de se concerter
avec vous ; ce brave citoyen, à la tête de cinquante de nos jeunes gens les plus intrépides,
demande que l'un d'entre vous se rende dans
sa retraite mystérieuse, non loin de San-Léo ;
il s'agit d'une entreprise audacieuse, mais
dont le succès est certain. Aux portes de
cette salle un guide fidèle attend celui qu'il
doit conduire, par des chemins inconnus, auprès de Marino Giangi. Adieu, seigneurs ;
ma mission est remplie, je me hâte de partir :
celui que je cherche n'est pas parmi vous, et
l'Italie est grande.

Elle s'éloigna.

— Un casque! un casque! s'écria aussitôt
le cardinal de la Rovère, en lançant loin de
lui son chapeau de cardinal, qui vint tomber
sur la tête du pronotaire; puis il continua :

— Seigneur Bentivoglio, je vous fais cardinal; pardonnez-moi.

— Il n'y a pas de mal, monseigneur, répondit celui-ci, après avoir enfoncé le chapeau ; je vous assure que cette coiffure me
sied à ravir ; mon frère en revanche voudra
bien vous céder...

— Sa ville de Bologne ? seigneur pronotaire.

— Non, mais son heaumier.

Le cardinal se dépouilla de sa longue robe,
et, se montrant armé de pied en cap, il jeta
sa pourpre au nez du clerc, et lui dit en bran-
dissant son bras avec impatience :

— Tenez, prenez encore ceci, c'est un poids
inutile pour mon cheval : holà ! seigneurs,
vous préside qui pourra en mon absence ; je
vole à San-Léo servir votre cause de ma tête
et de mon bras.

— Monseigneur mon collègue, dit le cardinal des Ursins, que Dieu vous conduise, et,
si vous trouvez Borgia, frappez au nom du
Père, et du Fils, et du Saint-Esprit.

XVII.

De la Rovère suivit le guide qui l'attendait.
C'était un pâtre des montagnes du Montefeltre,
dont l'air naïf et les traits doux peignaient la
candeur native : un bâton ferré, une peau
d'agneau blanc attachée sur son dos, et un
chapeau de paille à larges bords, indiquaient
sa profession. En traversant la ville, le
cardinal avait baissé la visière de son casque, et, sur son passage, le triste tableau d'une
soldatesque livrée à la débauche attristait ses
regards, tandis que son conducteur, se si-
gnant devant les croix et les madones dont les
différents quartiers de la Magione étaient dévotement ornés, récitait maint *Pater* et maint
Ave. Ce contraste frappant occupa un moment

la pensée du cardinal-soldat, mais les résolutions de cet homme étaient inébranlables, et tout ce qui pouvait dans son esprit les gêner ou les combattre en était aussitôt éloigné.

Avec quelle joie il se trouva hors de la Magione, libre, chevauchant sous le poids d'une armure et maniant du fer.

— Je respire ici, loin de ces bavards maudits, pensait-il, en foulant avec une sorte d'orgueil le caparaçon de sa monture. Que de temps on perd en paroles qu'on emploierait si bien en actions!... Ah! César... Et toi, maître fripon, vieux renard pontifical, vous apprendrez à connaître le cardinal de Saint-Pierre-aux-Liens... Mes liens! je les brise si je n'ai bientôt la tiare sur ma tête, et dans les mains l'épée du grand saint Paul. Que faut-il pour cela? flatter et promettre; l'un coûte plus que l'autre : du courage! La chrétienté attend un prince, s'il faut en croire tous ces discoureurs dont la science est de prévoir: la mienne sera d'accomplir la prophétie; et, s'il faut à mon tour que je choisisse un nom pour régner dans Rome, que ce soit celui du premier des em-

pereurs romains : Jules! Le beau nom! il fait
pâlir celui d'Alexandre.

Le pas d'un cheval vint interrompre l'ambitieuse méditation du cardinal; et, en dé-
tournant la tête, il aperçut Spinelli qui s'em-
pressait de le rejoindre.

— C'est vous, Spinelli, dit-il; qui vous
amène? Hâtez-vous de parler, le temps est
précieux quand on va se battre; et j'espère
bientôt frapper les coups auxquels mon bras
se prépare depuis vingt ans.

— Ne soyez pas surpris, monseigneur, de
me voir accourir auprès de vous. Nos confédérés sont déjà fatigués de leurs travaux,
comme s'ils en prévoyaient l'inutilité...

— Les lâches!

— Je n'espérais qu'en vous, monseigneur,
et vous partez! qui les arrachera à leur coupable mollesse?

— Mes succès.

— Ils les rendront plus vains, sans les rendre plus braves... Mais ordonnez à ce rustre
de marcher en avant; nous ne saurions parler
en toute confiance...

— Holà! vassal; par quel chemin nous conduis-tu ? jamais nos chevaux ne sortiront des gorges de ces montagnes.

— Les chèvres y passent, mon beau seigneur, répondit le paysan avec bonhomie.

— Et sans doute aussi les hommes d'armes de San-Léo, mon brave homme? dit Spinelli au pâtre.

— Dame! mon beau seigneur, où vous passez, d'autres passeront, s'il plaît au doux Jésus.

Spinelli, tout-à-fait rassuré par la simplicité du guide, n'éprouva plus de crainte; le piéton indiquait souvent du doigt des sentiers et en suivait d'autres plus dangereux; d'ailleurs, le vent qui soufflait dans les bruyères couvrait aussi leur voix; ils pouvaient converser sans courir le risque d'être entendus ou compris.

—Monseigneur, monseigneur, dit le gentillâtre avec gravité en entendant le rire moqueur du cardinal résonner sous sa visière, vous riez de mes précautions quand il faudrait peut-être louer ma prudence : le diable est peut-être dans ce buisson.

— Fi donc! messire Thomas, ce vassal de notre beau-frère d'Urbin ne tiendrait pas d'autre langage à des marmots; mais vous qui parlez latin...

— Monseigneur, j'ai toujours vécu dans la crainte du démon, et je crois qu'il vaut mieux éviter l'écueil que de l'affronter.

— Nous ne pensons pas de même : pour vaincre, il faut combattre.

— On peut quelquefois l'un sans l'autre, monseigneur; c'est la maxime de Borgia. Mais quels sont vos projets... je viens pour les servir; votre bouillante ardeur vous a fait oublier que vous n'aviez personne à qui vous puissiez vous confier dans l'occasion.

— Vous songez à tout, Spinelli; vous êtes un homme rare. Oui, nous pouvons penser maintenant à notre plan de campagne; car, par saint Paul et son épée! nul autre n'y songerait dans la Magione : on s'y querelle pour obtenir protection de tous, et chacun se refuse à l'accorder à quelqu'un.

— Il faut un peu vouloir pour le congrès, monseigneur, et je ne doute pas que votre volonté n'y soit faite en toute chose, pour peu qu'il vous plaise de prendre la peine de l'exiger.

— Oh! oh! messire Thomas, croyez-vous m'apprendre ce qu'il faut que je fasse? il y a bien long-temps que l'esprit d'en haut m'a conseillé de faire vouloir aux autres ce que je désirais moi-même.

— Avec de l'adresse et de la ruse...

— Non, par saint Paul! mais par la force... j'entends celle du raisonnement, Spinelli; car, après tout, on se réunit pour raisonner, et les avis sont pairs dans un congrès.

— Comme les individus qui les émettent, monseigneur; il y en a de petits et de grands, de bons et de mauvais.... Mais monseigneur vaut à lui seul tous les confédérés ensemble.

— N'est-ce pas le diable du buisson qui vous souffle ces paroles, messire Thomas? Depuis l'histoire de notre grand'mère Ève, le serpent a toujours une flatterie à dire... Mais il y a du vrai dans vos paroles, Spinelli; vous seul, qui n'avez pas réclamé les forces de la confédé- ration, pouvez comprendre combien il est

important d'attaquer Valentinois sur tous les
points en même temps.

— Mais, monseigneur, les troupes de Borgia sont supérieures aux nôtres.

— C'est pour cela qu'en le mettant dans la
nécessité de les diviser, leur nombre ne nous
accablera pas ; nous pourrons partout lui dis-
puter la victoire.

— Mais ce nombre n'en sera pas moins
terrible dans toutes ses parties.

— Et comptez-vous pour rien les peuples
impatients de secouer le joug d'un traître?
D'ailleurs, sur le champ de bataille, les membres du congrès redeviendront des chefs
d'armes, des condottieri pleins de bravoure.
Saint Paul et son épée! n'êtes-vous pas vous-
même dévoré de la soif du carnage? La seule
idée que madonna, Spinelli?...

— Monseigneur! monseigneur! j'ai la force
de Samson.

— Eh bien, vous trouverez partout son
arme de rencontre, messire Thomas ; et voilà
dix mille Philistins de moins dans l'armée
ennemie.

20.

— Toute plaisanterie à part, j'admire la hardiesse de votre plan, et je regrette que vous ne l'ayez point fait adopter avant votre départ.

— Il fallait le concevoir; maintenant, chargez-vous du soin de le présenter aux seigneurs assemblés.

— Les objections, monseigneur...

— Je les crains moins que les prétentions, messire Thomas.

— Ce projet est-il assez mûr?

— En a-t-on trouvé de meilleur? Allez, allez, je n'ai pas besoin d'envisager deux fois les choses. Ce plan est sage; on le suivra, ou j'abandonne la confédération, corps et biens; Spinelli, vous m'entendez...

— Je vois donc que nous attaquerons Borgia sur tous les points.

— Et sans perdre de temps. Retournez à la Magione, sire comte; n'êtes-vous pas comte, Spinelli? si vous ne l'êtes, vous le serez; faites comprendre la nécessité d'agir : qu'Oliverotto conduise ses soldats dans la Marche; que Bentivoglio se trouve à la tête des siens aux portes

de Bologne, pour arrêter les secours étrangers; Pandolphe Petrucci tiendra la route de
Florence; les Ursins, les Savelli, soutenus par
Vitellozzo, dont je me charge de guérir la
maladie, se porteront auprès de Valentinois...
Saint Paul! le beau coup d'œil! Déjà je vois
les coups, j'entends les cris; courage, braves
guerriers! tuez! tuez! point de quartier aux
sbires de saint Pierre!..

Le cardinal, dans l'ivresse de sa joie, lâcha
la bride de son cheval, qui trébucha.

— Méchante bête! ajouta-t-il avec un mouvement de colère; c'est pourtant un cap-de-
more; il m'a coûté la rançon d'un pape... Eh
bien! qu'avez-vous, Spinelli? vous voilà pâle
comme la tête de saint Jean et tremblant
comme un clerc qui monte en chaire pour
son coup d'essai... Parlez donc.

— Monseigneur... votre cheval...

— Il a bronché pour la première fois...

— Pour la première fois, monseigneur?...

— Si près d'un précipice.... Mon collègue
des Ursins serait au fond du gouffre à compter
avec le Tout-Puissant.

— Un plan si bien conçu!... Et la couronne de comte!

— Mais, Spinelli, je vous ai prouvé que je sais me tenir en selle; il faudrait un rude jouteur de lance pour me faire perdre l'étrier. Rassurez-vous.

— C'est un funeste présage, monseigneur; et le jour où je revins dans le château de mes pères, après que Borgia l'eut quitté, mon cheval turc s'agenouilla devant la vierge des quatre chemins..... je ne l'oublierai de ma vie.

— Eh bien! cela prouve que votre Turc est devenu chrétien, messire Thomas. Mais, loin d'être en ce moment entre quatre chemins, celui que nous suivons est à peine tracé.

—Quoi que vous puissiez dire, le pronostic est fâcheux... Sainte Vierge! nous étions treize à table ce matin... c'est que la trahison... Ah! pourquoi, monseigneur, avez-vous quitté votre robe rouge? cette couleur-là est un préservatif contre les maléfices.

— Bon Spinelli, nous aurons du rouge à la première bataille; le sang est pourpre.

— Oui... oui, monseigneur; mais la nuit
ne tardera pas à venir... Vous suivrai-je?

— Y songez-vous? retournez au congrès, et
reprenez courage, si vous voulez en donner à
vos confédérés. Partez, messire Thomas, et ne
vous égarez pas en route.

— Pour plus de sûreté, monseigneur, per-
mettez-moi de consulter le rustre... Holà! hé!
vassal! vassal! arrête un peu... Est-il sourd?

— Le pauvre gars acccourt à se rompre
les jambes... Hé! l'ami, réponds à ce seigneur.

— Dis-moi, berger, ne puis-je pas me tromper de sentier en retournant à la Magione?

— Mon beau seigneur, marchez toujours
devant vous, c'est le moyen d'arriver.

— Mais s'il se présente plusieurs chemins,
faut-il prendre à droite, à gauche?

— Mon beau seigneur, le côté de la main
qui fait le signe de la croix vous conduirait à
Perugia, le côté opposé vers la mer...

— Il suffit, je trouverai ma route : bonne
chance, monseigneur ; et tenez ferme la
bride...

— Vous, Spinelli, Dieu vous garde des quatre chemins.

Ils se séparèrent.

Dans l'impossibilité où nous sommes de suivre les deux personnages à la fois, nous croyons devoir donner la préférence au cardinal de la Rovère. L'esprit occupé de ses projets ambitieux, il pénétra sur le territoire d'Urbin sans que la moindre impression de crainte troublât son âme : la nuit close, il fallut chercher un asile, et la misérable hutte d'un pâtre, située dans le fond d'une vallée, fut le seul qui s'offrit aux regards des voyageurs. Le prince ecclésiastique, sous son costume d'acier, ne regretta pas les coussins de velours ; tout lui plaisait dans son excursion aventureuse, jusqu'à l'aspect d'un repas composé de pain noir, de lait aigre et d'amandes de pins ; et, comme il le souhaitait peut-être secrètement, l'occasion se présenta de s'exercer dans la science de l'escrime d'une façon plus sérieuse qu'il ne l'avait fait jusqu'ici, seul avec un maître, dans l'oratoire de son palais, pour qu'on ne le dérangeât pas de cette occupation,

très noble sans doute, mais peu convenable à
ses fonctions sacrées.

Deux soldats suisses de l'armée de Valentinois étaient assis à la table du pâtre, et leur
ton d'autorité suppléait à l'idiome italien
qu'ils ne parlaient pas. L'hôte et sa famille, en
butte à leurs mauvais traitements, poussaient
des cris de désespoir, lorsque de la Rovère
entra. Sa riche armure damasquinée d'or, et
son maintien chevaleresque intimidèrent d'a-
bord les garnisaires.

— La paix, dit-il, la paix du Seigneur sous
le toit du pauvre, ou le premier qui murmure verra ma dague de plus près qu'il ne
voudrait la voir. Qu'exigent donc ces insolents étrangers ?

— Du vin, seigneur chevalier, dit l'hôte ;
ils ont vidé en six jours la tonne qui devait
suffire à ma famille.

— Ils trouveront de l'eau dans l'auge de tes
pourceaux, bon pâtre. Allons, place, place,
soldats ; levez-vous devant un chevalier.

Les soldats obéirent ; mais le regard sombre qu'ils jetèrent sur le cardinal annonçait

la colère et la vengeance. Après le repas, le paysan, agenouillé dévotement au milieu de sa famille, récita la prière du soir, et demanda à Dieu le pardon des injures. Ce groupe offrait un tableau touchant où la foi sincère donnait aux visages l'expression d'un calme momentané, l'oubli des chagrins de la vie: les gens d'armes eux-mêmes, les genoux pliés, partageaient ces pieux sentiments d'espoir et de soumission. De la Rovère seul, debout, semblait représenter là, sous le fer, cet avenir de matérialisme politique, cette puissance du glaive qui déjà, dans la pensée de Borgia, succédait à la supériorité morale de la parole. Et quand tous les habitants de la chaumière se furent retirés pour dormir, seul aussi de la Rovère n'appela pas le sommeil : il avait des projets à méditer, des espérances à nourrir. Mais au milieu de la nuit il fut tiré de sa profonde rêverie par la conversation suivante.

— Oh! Fritz! camarade! tu dors comme à la suite d'une orgie.

— Cependant, Durmann, c'est une fade

boisson que l'eau ; elle ne donne que de mauvais rêves.

— Mais c'est un plaisir bien vif que la vengeance. Je ne sais si je me trompe, mais il
me semble que j'ai entendu le chevalier, que
Dieu damne ! nous appeler insolents étrangers.

— Non, pardieu ! tu ne te trompes pas ;
je sais assez d'italien pour comprendre les injures.

— Cet homme n'est donc pas l'ami de notre bon duc, puisqu'il oblige ses soldats à
boire de l'eau.

— Ce raisonnement est juste, Durmann, et
je ne me souviens d'avoir jamais vu cette
barbe-là parmi les chefs de notre armée.

— Si c'était le duc d'Urbin, Fritz ? J'ai ouï
dire à notre officier qu'il cherchait à rentrer
dans ses États.

— Pardieu ! cela est bien possible ; celui
qui livrerait sa tête serait bien sûr d'une récompense. Hein ! qu'en dis-tu ?

— Je dis qu'il est toujours sage de se défaire d'un ennemi... L'as-tu remarqué pendant
la prière ? aussi droit qu'un cierge. C'est quel-

que hérétique, un Jérôme de Prague, comme
on ne manquerait pas de dire à Constance.
Je crois donc que c'est une œuvre pie d'envoyer au diable une pâture qui ne peut lui
manquer.

— Allons, debout, Fritz ! le jour ne tardera
pas à venir, et quand le coup ne vaudrait que
le prix de l'armure, cela doit nous suffire.

— Que c'est heureux, Durmann, que j'aie
aiguisé ce matin ma flamberge au troisième
coup de *l'angelus!* cela porte bonheur, à ce
qu'on dit.

Le cardinal, n'entendant plus rien, ne douta
pas que les soldats ne vinssent bientôt l'attaquer. Il ranima une lampe qui vacillait encore,
et après avoir ouvert la porte de la chambre,
se mettant en garde à l'approche des spadas-
sins, il leur cria de se défendre ; mais ceux-ci
étaient incapables d'apprécier cette action
toute chevaleresque ; et se croyant sûrs de la
victoire, ils fondirent sur lui avec rage, et
engagèrent une lutte opiniâtre, dans laquelle
l'homme d'église fit preuve d'adresse et de
bravoure.

— Ah! ah! traîtres! criait-il du ton d'un maître d'escrime : parez ceci, parez cela, vils assassins! Voilà pour l'hérétique... Ah! ah!... pour le Jérôme de Prague... Ah! ah!... vils pourceaux d'outre-monts, vous en voulez à mes jours... Ah! ah!... vingt comme vous n'effraie-raient pas ma dague... Ah! ah!... votre sang coule... il ranime mon courage... Ah! ah!...

Et les voyant hors de combat, il ajouta, en essuyant avec sang-froid son épée ensan-glantée :

— Par saint Paul! mes compères, remer-ciez Dieu et les saints si je vous laisse la vie que vous vouliez m'ôter.

Satisfait de ce coup d'essai, il comprit qu'il était prudent de se hâter d'arriver au lieu du rendez-vous donné par les citoyens de San-Marino, avant que le bruit de cette aven-ture ne se répandît parmi les troupes de Borgia. Il éveilla donc son guide, se remit en route, et parvint bientôt auprès de Marino Giangi, qui, à la tête des siens, attendait avec impatience un membre de la ligue formée contre Valentinois.

Le but du chef san-marinois était de faire approuver le projet qu'il avait conçu de s'emparer de la forteresse de San-Léo, au nom de Guidobaldo. Mais le cardinal de la Rovère ne se donna pas le temps d'examiner les chances de l'entreprise; il approuva tout : entreprendre était pour lui le point important.

L'art de la guerre, depuis l'emploi de la poudre à canon, était resté stationnaire. Cette invention, quoiqu'elle eût plus d'un siècle, n'était pas encore appliquée avec succès, et Machiavel n'avait pas démontré aux princes que les citadelles sont plus souvent nuisibles qu'utiles. Après la prise du duché d'Urbin par les troupes de Borgia, le premier soin de don Ugo, l'un de ses généraux, avait été de mettre les forteresses en état de défense. Des réparations importantes nécessitaient donc le transport de quelques poutres dans l'intérieur de San-Léo, et les paysans des environs étaient forcés militairement à l'exécution de ces travaux : en état de guerre. les vaincus sont toujours corvéables à merci.

Cette circonstance paraissant favorable aux amis de la famille Montefeltre, les habitants de San-Léo, de concert avec les envoyés san-marinois, avaient formé le complot de faire pénétrer dans l'enceinte des retranchements des hommes d'armes sous l'habit de cor-véicurs, et de la Rovère, en entendant cette proposition, avait tressailli d'aise.

— Par saint Paul! mes bons amis, s'écria-t-il, je suis accoutumé à cacher mon armure; si l'habit de vassal de notre beau-frère d'Urbin est moins ample que ma robe rouge, il devient tout aussi noble à mes yeux, puisqu'il conduit à la victoire... Allons, du courage! Aux armes! que dis-je? à l'ouvrage, braves San-Marinois!

Il n'entre pas dans le plan de ce récit de détailler longuement ce fait historique; hâtons-nous de dire que le cardinal et ses compagnons parvinrent dans l'intérieur du fort sans qu'on eût la moindre défiance. Là, tombant à l'improviste sur des soldats désarmés, ils les égorgèrent aux cris de *Saint Marc et les Ursins*, et, au signal convenu, les habitants de la ville massacrèrent sans pitié tous les étrangers. Ainsi se trouva délivrée cette place importante, avant qu'un seul des officiers de Valentinois eût le temps de songer à demander du secours aux villes voisines.

Le cardinal de la Rovère, fatigué de carnage, ne songea pourtant au repos qu'après avoir donné cette nouvelle au duc d'Urbin :

« Accourez, Guidobaldo, écrivait-il; San-Léo est toujours à vous, par la grâce de mon épée. Venez, beau-frère, et n'oubliez pas de décider notre neveu François à vous suivre, s'il veut jouir du plaisir de me voir défendre la seigneurie de Sinigallia, qui, je l'espère, ne tombera pas au pouvoir des Borgia aussi promptement qu'il s'est hâté de la lui abandonner. Je vous salue de l'épée.

« Votre beau-frère, Cardinal DE LA ROVÈRE. »

Un jeune homme, impatient de revoir le duc Guidobaldo, se chargea de porter cette lettre à Venise.

XVIII.

Retournons auprès de César Borgia. Depuis deux jours sa sœur habitait le château, et, au camp, le temps se passait en fêtes.

La nuit était fort avancée, et cependant l'heure du sommeil n'avait pas sonné pour le maître de la Romagne ; seul dans son appartement, il venait de parcourir un message du saint Père ; et, en attendant l'heure de diverses entrevues que des personnages importants avaient sollicitées avec mystère, il repassait dans son esprit les idées pour les mûrir, les circonstances pour les lier entre elles, les discours pour en approfondir le sens, et les actions pour les interroger. Dans ces moments de solitude et de silence, Valentinois rompait l'attitude de prince, qui était constamment la sienne, il avait le courage d'être homme enfin pour lui-même. Alors, comme nous l'avons déjà dit, dégagé de sa grandeur, il en sentait tout le poids; mais ce joug était le seul qu'il laissât peser sur lui.

Il se promenait lentement, la tête penchée vers la terre, et s'arrêtait parfois devant une table pour y prendre un breuvage dont la recette lui avait été donnée par Léoni, célèbre médecin de Spolette; il en buvait quelques gorgées, et l'effet en était si prompt, qu'il retrouvait à chaque fois une énergie nouvelle. Mais il n'osait abuser de ce cordial. La lettre de Rome se trouvait aussi sur cette table; il crut prudent de la détruire, et, tout en regardant la flamme consumer un papier si précieux, il réfléchissait à l'importance des choses qu'il y avait lues.

— Mon père confie à sa plume des secrets terribles. Quelque éprouvés que soient les courriers chargés de nos messages, ne peuvent-ils pas tomber entre les mains de nos ennemis? et quel bruit les mécontents élèveraient dans la chrétienté, si l'écrit que je viens

de réduire en cendres leur était connu!...
Saint Michel! l'esprit divin inspirait cependant le successeur des apôtres, quand sa
main en traçait les lignes brûlantes.

Et, d'un regard curieux, il voyait courir et
s'éteindre des étincelles de feu sur la cendre
noire du papier, dont le plus léger souffle
n'avait pas encore détruit la forme.

— Là, chaque mot recélait une pensée féconde, continua-t-il; je vois briller, comme les
étoiles au firmament, les traces de son génie...
Oui, oui, mon père à raison, le crime est
d'abattre ce qu'on ne peut remplacer; on ne
manque jamais de concurrents au cardinalat:
le sang ne tache pas les robes rouges... Saint
Michel! diminuer le nombre de ses ennemis
et augmenter ses trésors, c'est un miracle de
conception. Les Colonne, les Ursins et le cardinal de Saint-Pierre-aux-Liens agitent le
sacré collége; l'occasion est trop précieuse
pour la laisser échapper. L'argent est rare,
ces hommes rangés l'entassent et le pape est
leur héritier... Quelle imprudence de nommer
ceux qu'il faut mettre à l'ombre des soupçons

21.

à naître, comme le dit mon père... Le bon
vieillard ne se souvient plus de l'éloquence de
Tarquin. Mais ce grand et sage coup de politique réclame ma présence à Rome; j'irai....
Partir! dans ce moment! quand la rebellion
m'enlace de ses bras puissants...Ah! si Lucrèce...
Mais elle est femme et légère...

La pensée de Borgia s'arrèta sur sa sœur:
un sourire presque gracieux anima ses lèvres,
et son regard, brillant d'un feu plus vif, sembla, en se relevant, chercher l'image de la
duchesse d'Est.

— Pauvre Lucrèce, dit-il; je l'accuse d'être
légère, et quelque chose de grave et de religieux se fait sentir dans ses actions comme
dans ses paroles. C'est une bonne créature, la
meilleure de son sexe... peut-être est-ce dans
la crainte de m'affliger qu'elle me cache les
secrets tourments qui dévorent son âme. Cependant, je ne saurais en douter, sa réserve
n'est qu'un préambule : elle promet, c'est
qu'elle veut obtenir... Que désire-t-elle? Ses
précautions sont grandes, ses exigences le
seront aussi... Mais la fille de dame Vanozie,

quels que soient ses droits sur moi, n'influera
pas sur ma politique, et le pouvoir de Valentinois ne sera jamais suspendu à la quenouille
d'une femme.

Il avait suffi de quelques heures pour que
le frère observât les changemens qui s'étaient
opérés dans la conduite de la sœur. Le sentiment qui les unissait, bizarre assemblage,
se composait de calculs infinis; des nuances
diverses venaient s'y fondre, et Borgia observait le trouble de Lucrèce sans en deviner la
cause. Aussi attendait-il avec impatience une
explication, car il pensait avec raison qu'un
motif du plus haut intérêt l'avait engagée à
se rendre auprès de lui.

Cette personnalité, si absolue chez les
hommes puissants, fut la transition naturelle
qui conduisit la pensée de Valentinois de
Lucrèce à Machiavel. Le hasard qui l'avait
réuni à cet ambassadeur de Florence pendant
son excursion aventureuse sur le Titan, avait
aussi rendu ce dernier maître de quelques
secrets importants; mais, comptant sur la
surpériorité d'esprit de ce républicain, il se

félicita d'avoir eu l'occasion d'étudier son caractère, et, disposé à la bienveillance pour
lui, quoiqu'il fût l'agent d'une puissance qu'il
haïssait, il se promit de ne rien négliger pour
le séduire. Peut-être l'avantage qu'il se flat-
tait de remporter sur un écrivain dont
l'Italie reconnaissait déjà la supériorité con-
tribuait-il à cette disposition favorable : l'a-
mour-propre satisfait est souvent le secret de
la bonté des princes. D'ailleurs cette légation
de Florence n'annonçait qu'un désir de paix.
La seigneurie ne pouvait pas ignorer la position critique du maître de la Romagne, et elle
avait montré son adresse en choisissant ce
moment favorable pour traiter avec lui ; mais
le nom des personnages que Valentinois attendait à cette heure diminuait les craintes
qui lui étaient données par l'assemblée de la
Magione. Aussi, impatient de mieux connaître
ce qu'il pouvait encore redouter ou espérer,
il s'était hâté de les recevoir, afin de régler
sur ces entrevues secrètes sa conduite avec
l'ambassadeur florentin.

Le premier qu'on introduisit auprès du

duc, avec tout le mystère que réclamait sa
conduite, était Spinelli : il s'approcha d'un
air soumis et respectueux, et débita tous les
compliments que la flatterie avait façonnés à
l'usage des cours. Borgia les écouta avec le
calme de l'indifférence, mais avec cette complaisance polie qui est pour les grands un
masque trompeur.

— Hâtons-nous, messire Spinelli, répondit
le duc; la nuit s'avance; allons au fait : qu'ont
résolu les confédérés de la Magione ?

— D'attaquer son excellence...

— Où, quand, comment et avec quelles
forces ?

Spinelli expliqua le plan du cardinal de la
Rovère; mais en y donnant encore plus d'importance, comme pour faire sentir davantage
le service qu'il rendait au duc : celui-ci l'é-
couta avec patience et calme. L'homme le
plus fourbe eût été décontenancé de cette espèce d'indifférence par un plan qui semblait
à l'agent secret des deux partis une conception de l'ordre le plus élevé; il resta donc in-
térieurement troublé d'entendre Borgia le re-

mercier d'un ton dégagé et lui demander ensuite des nouvelles de madonna Spinelli, avec
cet air railleur qui humiliait toujours la vanité du gentilhomme.

Borgia se servait des traîtres ; mais il se
mettait toujours en garde contre eux , et dans
la crainte qu'ils ne parvinssent à saisir sa pensée , il ne questionnait jamais. Il possédait
d'ailleurs l'art consommé d'obliger ceux qui
lui faisaient de semblables rapports à se ren-
fermer dans des idées sommaires; son propre
génie suppléait au reste.

— Madonna Spinelli, répondit l'époux embarrassé, ne va point mal que je sache , excellence.

— Rappelez-moi à son souvenir, quand vous
aurez le bonheur de la voir, reprit le duc;
mais je ne veux pas abuser de vos moments,
je sais qu'ils sont précieux. Spinelli, prenez
cet or, ajouta - t - il en lui présentant une
bourse, les voyages que vous faites sont dis-
pendieux , je le sais; ceci n'entre pas dans nos
conventions... Retirez-vous, j'ai besoin de sommeil. Je vous remercie, monsieur; bonne nuit.

Le duc appela son gentilhomme de service et confia l'agent à ses soins, ou pour mieux dire à sa surveillance. Dès qu'il fut seul, il promena autour de lui un regard sombre : il était bien seul, il pouvait reprendre haleine, et portant une main glacée sur son front, il y ressentit le frémissement subit de la fièvre : le désespoir, dont il avait étouffé tous les mouvements, ne pouvait plus se manifester par des signes extérieurs, et dans son accablement il ne trouvait plus de forces que pour la pensée.

— Conception satanique ! murmura-t-il entre ses dents agitées d'un tremblement involontaire; je reconnais le génie de la Rovère. Il me menace ! rival infatigable, il touche au but de ses désirs; il marche à la tête d'une armée!... A la tête d'une armée ! Mais ne suis-je plus le maître de la victoire, le fils d'Alexandre VI, l'allié du roi Louis ? Les trésors de la chrétienté ne seront-ils pas remis entre mes mains pour solder autant de bras que les nations peuvent en fournir pour le soutien

de la cause sacrée du pontife?... Ce Goliath
est-il donc aux portes du château ? M'a-t-il
vaincu ?

Il releva la tête comme si la fraîcheur des
lauriers en eût aussitôt calmé les élancements,
puis il appela son gentilhomme, en faisant retentir la salle d'un rire effrayant : son regard,
d'une vivacité singulière, annonçait le secours d'une pensée de triomphe, et son geste
semblait dire : qu'il faut peu de choses pour
troubler un esprit sain !

Le gentilhomme entra : c'était le chevalier
des Ursins, le seul de la famille qui fût resté
au service de Valentinois, et sa fidélité était
connue. Le duc l'avait désigné secrètement
pour veiller cette nuit, cependant il feignit
d'être étonné en le reconnaissant.

-- Ah ! c'est vous, messire Charles, dit-il;
je ne savais pas que vous fussiez de garde auprès de notre personne : il faut que vous nous
pardonniez de ne pas vous laisser le temps
de sommeiller à votre aise; mais vous voyez
que notre repos est très troublé par les affai-

res. Savez-vous que votre noble famille con-
tribue un peu à intervertir l'ordre naturel de
nos travaux....

— Je connais l'orgueilleuse présomption
des Ursins, excellence, mais toute leur puissance ne saurait l'emporter sur la vôtre.

— L'emporter! Saint Michel! Qui peut le
penser, messire Charles? L'ours grimpe, mais
l'aigle vole. Vous allez mieux me comprendre :
descendez chez Spanocchi, un homme y attend mes ordres ; je vous prie de ne pas le
reconnaître pour votre cousin le cardinal.

— Le cardinal! s'écria le chevalier.

— Je me félicite pour vous et pour lui que
vous soyez le seul à être instruit de cette visite nocturne.

Charles des Ursins, après avoir allumé des
flambeaux, laissa le duc se livrer à l'espoir
que la présence du cardinal lui inspirait : c'é-
tait le baume qui calme la blessure ; après
avoir souffert des maux cuisants, il recevait
maintenant un favorable augure de la démarche du haut dignitaire. Si les actions du cardinal
de la Rovère n'étaient pas entièrement contre-

balancées par l'espérance que faisaient naître
celles du cardinal des Ursins, du moins la figure toute carrée de celui-ci dissimulait pour
un moment celle de l'autre. Il composa donc
son maintien : ce n'était plus le prince qui
écoute un vassal ; mais le chevalier vainqueur
qui sait fléchir un genou devant les signes extérieurs du pouvoir divin.

Le cardinal, enveloppé d'un manteau de
couleur sombre et le visage à moitié couvert
d'un feutre gris, éprouva le plus vif dépit en
reconnaissant un membre de sa famille dans
l'officier chargé de le conduire auprès du
duc : il le suivit d'abord en silence ; mais ne
pouvant plus résister au sentiment d'orgueil
qui dominait son âme, il lui dit d'un ton
grave, mais sans se nommer, comme pour
donner plus de solennité au reproche :

— Se peut-il qu'un gentilhomme italien
retrouve sous la livrée du bâtard usurpateur
un membre de la grande famille des Ursins,
quand tous les autres se rangent sous la bannière de l'honneur et se disposent à combattre
pro Deo, pro patria ? N'attendez-pas, cheva-

lier, que l'âne soit mort pour le frapper.
Corps-Dieu! sortez de cette tour de Babel; il
en est temps encore, redevenez ce que vous
n'auriez jamais dû cesser d'être, un Ursin,
un noble baron ne relevant que de Dieu et de
son épée : rien ne vous oblige à rester dans
les antichambres du dépourpré.

Le chevalier ne répondit pas à cette admo-
nition, où le courroux s'exhalait d'une façon
touchante et bouffonne, et soit qu'il y fût
secrètement sensible , ses brusques mouvements, en entrant auprès du duc, lui attirè-
rent ces paroles, prononcées avec ménage-
ment :

— Doucement, messire Charles, ne trou-
blons pas la tranquillité du château ; notre
sœur dort en paix, respectons son sommeil.

Borgia fit quelques pas au-devant du cardinal qui s'avança lentement, avec toute la dignité d'un prince de l'Église ; et, après s'être
incliné, il lui présenta un fauteuil dont le
dossier élevé soutenait une espèce de dais
surmonté d'une couronne ducale : c'était son
siége d'honneur. Le cardinal, se méprenant

aux marques extérieures de ce respect, gonfla ses joues d'un souffle de vanité, et reçut cet hommage avec une fierté qui remplaça tout à coup la vive émotion dont il n'avait pu se défendre en entrant.

— Monseigneur peut s'asseoir, dit le duc.

Ses traits mâles avaient une sorte de grâce où perçait l'ironie, et restant debout, comme par déférence, il prit plaisir à se montrer aux yeux d'un ancien collègue sous l'armure guerrière, qui le grandissait.

— Monseigneur doit être fatigué de sa longue course, continua-t-il; quand j'étais encore amolli par le velours sacerdotal, le galop du cheval me rompait pour un mois, si j'ai bon souvenir. Et les chemins ne sont pas toujours bons; on ne suit pas partout la belle et antique voie flaminienne d'ici Rome... car je suppose que monseigneur m'est envoyé par notre très saint Père?

— Puisque mon ex-collègue veut bien le permettre, je m'assieds, dit le cardinal en évitant de répondre à la question du duc.

— A merveille, monseigneur, reprit-il; vous

voyez quel empressement je mets à vous recevoir, et, comme vous l'avez paru désirer,
quel mystère accompagne votre réception.
De semblables précautions m'annoncent que
le message dont le cardinal des Ursins s'est
chargé doit avoir un but important et de graves conséquences...

— Pour le duc de Valentinois, poursuivit
le cardinal en l'interrompant.

— Je vous remercie, monseigneur, de l'a-
mitié que vous voulez bien me conserver,
quand vos frères désertent ma bannière ;
mais je vous prie de m'expliquer le motif d'un
voyage si pénible : je vous écoute avec autant
d'attention que s'il s'agissait d'un intérêt qui
fût le vôtre.

— Je prie aussi mon ex-collègue de ne
voir dans ma démarche qu'un vif amour pour
la concorde et pour la justice.

— Monseigneur, s'il existe des dissensions
entre les barons italiens, ce n'est pas moi
qu'on puisse accuser de les entretenir ; vous
n'ignorez pas de quelle source découle toute
justice? Ce n'est pas à l'un de ceux qui ont

des droits au trône de saint Pierre qu'il appartient de blâmer les décrets du chef de
l'Église.

Le cardinal s'agita sur son siége, et ne
maîtrisant plus sa colère, il ouvrit impatiem-
ment une discussion que Valentinois, en em-
piétant avec adresse sur le terrain que son
antagoniste lui cédait sans s'en apercevoir,
avait fait naître ainsi qu'il le souhaitait.

— C'est une chose digne de remarque, s'é-
cria le cardinal, que César Borgia impute à
son père les actions qu'Alexandre VI rejette
sur son fils. Mais qu'importe qui les conçoit,
corps-Dieu! nous savons bien qui se charge
de les commettre.

— Expliquez-vous, monseigneur, répondit
Borgia, joyeux de l'humeur indiscrète qui
devait rendre cette conversation du plus haut
intérêt pour lui; avez-vous donc quitté le sacré collége à la suite d'un transport au cerveau pour parler de la sorte devant le duc de
Romagne?

— Ces mots produisirent une explosion de
fureur qui colora le visage du cardinal d'un

rouge aussi foncé que celui de sa robe sacrée.

— Et de quel droit, César Borgia, fils illégitime, ose-t-il se déclarer maître de la Romagne?...

— Du droit du plus fort, monseigneur; répondit-il avec un caractère de majesté qui imposa tout à coup de la crainte au grand dignitaire : ce n'est pas un homme revêtu de la cotte d'armes qui devrait, quand nous foulons le sol de la pentapole et de l'exarchat, rappeler au cardinal des Ursins les chartes papales, les dévotes largesses de Constantin et celles des fils de Charlemagne. Un membre du sacré collége oublie-t-il si vite la bulle d'Alexandre VI ? Et celui qui partage le monde, qui tient sous l'anneau du pêcheur les rênes des États chrétiens, ne saurait-il pas disposer de son propre domaine?...

— Ce langage pompeux est nécessaire, je le sais, quand on s'adresse aux peuples ; mais mon ex-collègue oublie aussi que je fais mon apprentissage à la papauté.

— Souvenez-vous-en donc pour obéir au maître.

— Non, nous ne laisserons pas les Borgia s'emparer de l'Italie entière ; cette belle Italie, si long-temps exposée aux envahissements des ambitieux, ne sera pas la proie d'un seul.

— Vous préférez qu'elle le soit de plusieurs. Le cardinal des Ursins, qui oublie les choses sacrées, se rappellera peut-être mieux le vieil et profane Homère ; je lui citerai ce passage :

Trop de chefs vous nuiraient ; qu'un seul homme ait l'empire.
Vous ne sauriez, ô Grecs ! être un peuple de rois :
Le sceptre est à celui qu'il plut au ciel d'élire
Pour régner sur la foule et lui donner des lois.

— Admirable ! dit le cardinal d'un ton d'humeur mal déguisé. Le ciel !... Si le ciel était toujours chargé d'élire...

—Vous auriez trop d'orgueil et de prudence pour vous mettre sur les rangs, ajouta César, que son goût pour les discussions ne pouvait distraire de ses intérêts.

Et désirant de terminer cette conversation, il cherchait à en brusquer le dénoûment ;

mais le prélat n'était pas homme à lâcher prise.

— Les hauts barons, dit-il, ont des droits consacrés par une longue possession.

— Un pouvoir unitaire doit enfin détruire cette féodalité que l'esprit humain plus éclairé repousse aujourd'hui. Et que serait donc la papauté, si elle abdiquait sa mission divine, universelle ?...

— Vous confondez le spirituel avec le temporel.

— C'est profaner Dieu que d'oser les désunir. Le Christ a désarmé l'apôtre pour prouver que le pouvoir du glaive devait être secondaire... Mais, monseigneur, est-ce pour engager une vaine controverse que vous vous entourez de mystère, que vous venez troubler mon sommeil ? Parlez donc, qui vous amène ? Que voulez-vous de moi ? Hâtez-vous, je suis déjà fatigué de vous entendre.

— Je veux... je viens... balbutia le cardinal qui reconnut trop tard qu'il avait perdu l'avantage de sa position... Je le répète, c'est une impulsion de mon âme, c'est en mon nom seul que je parle.

22.

—Saint Michel! monseigneur, finissons-en, s'écria Valentinois; que pouvez-vous me dire que je ne sache déjà? Venez-vous solliciter la grâce des rebelles assemblés à la Magione? Sont-ce vos frères, ou la Rovère, ou Petrucci, tyran détesté de Sienne, ou Oliverotto, monstre sans foi, qui vous envoient dans mon camp? Pourquoi ne comptez-vous plus sur la chance des armes? La discorde s'est-elle glissée parmi vous; ou vos six mille soldats ne vous semblent-ils plus une force suffisante pour vous mesurer avec moi? Craignez-vous la trahison de Vitellozzo? Manquez-vous d'argent? Manquez-vous de courage ou d'audace? Que voulez-vous? un chef, une cause plus juste, une volonté supérieure pour vous diriger dans cette grande entreprise?

Le cardinal resta stupéfait; la pâleur couvrait maintenant son visage, et son regard ne savait plus sur quel point s'arrêter.

— Quelle opinion avez-vous donc de Valentinois dans vos conciliabules? continua le duc avec véhémence; pensez-vous qu'il les eût tolérés s'il eût pu les craindre, s'il n'eût

dû vous voir bientôt à ses pieds.... Monseigneur, si ce n'est pas pour implorer ma clémence que vous êtes ici, retournez à la Magione, et dites en passant au cardinal de
Saint-Pierre-aux-Liens, sous les murs de San-
Léo, que je ne crains ni ses ruses ni celles
des hommes du Titan. Annoncez à vos com-
plices que mes troupes entreront dans la
Marche d'Ancône avant qu'ils aient eu le temps
de rassembler les leurs. Le roi de France est
d'un côté, le Grand-Capitaine de l'autre, et
quelques rebelles, qui ne savent pas même
s'entendre entre eux, méditent de m'abattre!
Quand Venise donnerait jusqu'à son dernier
écu d'or, quand il ne resterait plus sur vos
terres un seul rustre pour faucher vos joncs,
la grande pensée qui anime les projets de
mon père et les miens, cette pensée de prédes-
tination, sortira triomphante. Voilà tout ce
que j'ai à vous dire, monseigneur.

Le maintien embarrassé du cardinal en
trouvant le duc si bien instruit de tout, révélait à Valentinois la duplicité de Spinelli.
L'union, ainsi qu'il le prévoyait depuis long-

temps, n'avait pu se soutenir parmi les
confédérés; le plan de la Rovère, quelque
hardi et bien conçu qu'il fût, n'était pas sans
doute approuvé par tous les chefs rebelles,
et la situation du congrès lui semblait fidèle-
ment représentée par celle où se trouvait le
cardinal en ce moment. Les calculs de Borgia
reposaient sur des données morales si cer-
taines, sur une connaissance si approfondie
des hommes, et toutes ses conjectures se
rencontraient si parfaitement justes que l'envoyé secret, confondu, effrayé, ne proférait
plus une seule parole.

Les confédérés, après le départ de la Rovère, qu'ils accusaient d'aimer à ferrailler pour
le seul plaisir de brandir une arme, s'étaient
en effet trouvés sans lien, sans chef; les
Ursins n'avaient plus songé qu'à se ménager
adroitement une sortie; le cardinal ne doutant
pas qu'il ne lui fût facile de traiter de la paix
à des conditions avantageuses en livrant sans
pitié les autres confédérés au ressentiment du
duc. quoiqu'ils ne se fussent rendus coupables envers lui que par les instigations de sa

famille , s'était mis secrètement en route
dans ce but tout-à-fait intéressé, et avait fait
demander à Borgia une entrevue mystérieuse.

Le duc, habile à profiter des moindres
circonstances, tira tout le parti de la victoire
qu'il venait de remporter sur son ancien
collègue; il changea de langage et ne lui témoigna plus que des égards; puis, feignant
même des sentiments de bienveillance, il dai-
gna, au nom de l'ancienne amitié qui avait
uni les deux familles, laisser entendre qu'il
oublierait cette déplorable tentative pour re-
nouer les liens rompus; et, selon sa coutume, s'efforçant de rendre son antagoniste
aussi satisfait de lui-même qu'il pouvait sans
doute en être mécontent, il eut recours à cette
flatterie rude contre laquelle on n'était jamais
en garde vis-à-vis d'un homme si puissant et
il ajouta :

— Saint Michel! monseigneur, nous voilà
bien avancés tous les deux de nous être jeté
réciproquement à la tête des vérités dures.
Mais la colère est un péché capital, et nous en
sommes toujours punis *ipso facto;* c'est le

cas de dire avec le saint roi David : *Et pecca-
tum meum contra me est semper.* Vous voyez,
notre très cher collègue, que nous ne per-
dons pas, dans l'exercice de nos fonctions mi-
litaires, la mémoire des pieuses lectures qui
ont occupé notre jeunesse. J'espère un jour,
libre de toute crainte, aller dans le calme de
Bracciano, jouir de votre éloquent savoir.
Les faveurs de la fortune ne me seront chères
qu'autant qu'elles seront partagées par mes
amis. Mais, monseigneur, sortez d'une fausse
route; c'est avec vous seul que je veux pacti-
ser au nom de la confédération ; je vous attends muni de pleins pouvoirs, et, malgré la
multiplicité de nos affaires, nous trouverons
encore le loisir de quelques joyeux moments
pour célébrer le retour de la concorde que
je me charge de cimenter *per papam.*

Le cardinal, réhabilité dans sa propre
opinion, quitta la salle dans une disposition
d'esprit bien opposée à celle qu'il apportait
en entrant. Cependant le duc, malgré son
succès, n'en demeura pas moins convaincu
de la nécessité de faire des concessions, mais

il voulait qu'elles ne parussent aux regards des
autres que des actes de générosité ; et , quand
on introduisit auprès de lui le pronotaire
Bentivoglio, il prit un air de candeur et de
franchise.

— Monsieur le pronotaire, lui dit-il, je
suis charmé de voir un membre de votre famille ; je voulais envoyer à Bologne un message à votre frère, et j'espère que „vous vou-
drez bien vous charger de lui porter des
paroles de paix : vous avez des amis chauds
pour votre cause, et cela ne m'étonne point.
Le roi Louis m'écrit en votre faveur ; la seigneurie de Florence a chargé Machiavel, son
ambassadeur, de me parler de mes projets
sur Bologne ; ma sœur, la duchesse de Ferrare, a sôllicité pour vous au nom d'Alphonse
d'Est : je crois donc devoir prendre sur moi de
ne rien entreprendre en attendant la décision
du saint Père ; j'espère que votre famille ne se
refusera pas à quelques arrangements secrets
qui puissent indemniser le trésor pontifical...
Nous avons beaucoup d'ennemis, monsieur le
pronotaire ; mais, avec la grâce de Dieu et de

mon épée, j'en triompherai : cela m'oblige
à de grandes dépenses; il me faut de l'argent.
Peut-être ignorez-vous la défection des Ursins
et des Vitelli : ils réunissent avec un grand
mystère tous les mécontents, et comment n'en
pas faire dans ma position!... Cependant je ne
crains pas leur audace, elle sera bientôt châ-
tiée. Déjà Vitellozzo réclame sa grâce, je lui
pardonne; ses troupes sont à moi. Monsieur
Gonsalve m'envoie quatre cents lances espa-
gnoles; le marquis de Mantoue et le général
de Savoie ont ordre de se rendre sous les
murs de Bologne... Mais j'écrirai au saint Père...
de votre côté, voyez votre frère, hâtez-vous;
je veux, je dois être agréable au roi de
France... Cependant le cardinal d'Amboise ne
saurait exiger de moi une action qui fût pré-
judiciable aux intérêts de la cour de Rome :
le pape tient à Bologne, qu'il regarde comme
la capitale naturelle de la Romagne. Je vous
engage à réfléchir, monsieur le pronotaire; je
vous promets de rester quelques jours sans
agir, j'attendrai votre retour; je souhaite bien
sincèrement une alliance avec votre famille

Le clerc ne désirait rien tant qu'une telle proposition; il sonda le duc sur ses préten-tions; mais celui-ci afficha le plus grand dé-sintéressement, quoiqu'il ne cessât de se ré-crier sur la rigueur des temps et la rareté du numéraire.

— Il faudra vous entendre avec mon secré-taire, ajouta-t-il en le conduisant pas à pas vers la porte; je lui dirai deux mots sur cette affaire. Adieu, monsieur; touchez ma main en gage de paix et d'amitié. Je ne verse le sang qu'avec regret et douleur. Notre saint Père m'entendra plaider votre cause.

Puis, accablé de fatigue, le duc se jeta sur son lit, et ne tarda pas à goûter un sommeil plus tranquille qu'il ne l'avait d'abord espéré.

XIX.

Tandis que les Ursins et les Bentivogli abandonnaient lâchement la cause de la confédération pour marchander quelques avantages personnels ; tandis qu'ils fléchissaient de nouveau sous le joug de Borgia, le cardinal de la Rovère se préparait à porter de rudes coups à cette puissance encore mal affermie. Maître du fort de San-Léo, il organisait, à la tête des cinquante San-Marinois commandés par Giangi, une armée que les sujets du duc d'Urbin s'empressaient de grossir à mesure que le vent de l'espoir en agitait la bannière. Valentinois avait montré aux habitants de Montefeltre la douceur et la confiance, qu'il regardait comme la politique la plus sûre envers un peuple conquis ; mais la fuite de Gui-

dobaldo venait détruire tout l'effet de ce système, et cet événement servit plus tard aux
profondes méditations de Machiavel, et lui
fit dire : qu'il fallait régner par la terreur tant
que le prince légitime pouvait être l'âme d'un
complot.

La nouvelle du succès du cardinal de la
Rovère arriva dans le camp de Valentinois
avant que celui-ci ne fût éveillé. La crainte
de se trouver en butte à son humeur, et peut-
être aussi la honte qu'il y avait à donner une
si fâcheuse nouvelle, était le sujet d'un conseil
secret entre les officiers français, quand le
grand-justicier s'offrit à eux.

— Montjoie! saint Denis! messieurs, dit en
riant le marquis de Saluces, voici l'ambassadeur qu'il nous faut.

— Oui, sans doute, continua de Montison ;
le doux Ramiro d'Orco donnera volontiers ce
bonjour à son excellence.

— Le duc de Valentinois, ajouta d'Allègre,
va donc entendre aussi sa sentence.

— Par la bouche de son bourreau, reprit
Saluces.

Et le sentiment de l'honneur sauvé faisait seul battre leurs cœurs étrangers à celui de la vengeance. Ramiro se chargea donc du message, sans que ce vénérable fonctionnaire se doutât le moins du monde qu'il le rendait plus terrible; il n'avait pas même l'instinct du chien de basse-cour, qui mord tout le monde hors son maître.

Cependant Borgia, plongé dans ce sommeil léger qui permet de suivre le cours des pensées, qui laisse arriver à l'esprit les sons du dehors, éprouvait un de ces moments de calme devenus si rares pour lui sous ses couronnes ; mollement bercé dans cet état de vague, qui a comme la vie des prestiges et des réalités, il souriait à l'avenir, autre rêve trompeur! Le bruit et l'activité du camp le flattaient même de l'idée qu'on ne se doutait pas qu'il sommeillait à cette heure. Au cliquetis des armes succédait la mélodie d'un luth, et il se disait, en retrouvant une idée cachée dans son âme: Ce n'est plus le luth à demi brisé. Bientôt une voix douce se fit entendre, et des paroles de douleur, d'amour et de liberté parvinrent à ses sens, et il se disait encore : C'est Lucrèce, elle chante le lai des trouvères. Tout à coup l'image de son fils s'offrit à lui, non pas couvert de sa brillante armure, mais avec son costume de la montagne ; et le jeune homme, le visage froid, les yeux pleins de larmes, faisait entendre ce cri plaintif : Ramiro ! Ramiro ! Alors, sortant peu à peu de cette indécision cruelle, il se rappela que la duchesse d'Est habitait la chambre qui avait servi de prison au seigneur de Faenza, et s'étonnant que le souvenir du comte Astorre ne se fût pas plus tôt présenté à sa mémoire, il lui sembla tout à coup que le but du voyage de sa sœur était expliqué ; et un moment de fureur l'éveillant tout-à-fait, il se leva comme effrayé d'un songe. Mais le grand-justicier attendait son réveil ; le premier objet que le duc aperçut fut sa longue simarre redoutée.

— Vous ici ! Ramiro, dit le duc ; saint Michel ! je puis à toute heure me livrer au sommeil, quand des serviteurs tels que vous veillent à mes côtés. Voyez la sympathie ; vous étiez là, et je vous voyais dans un songe.

— Je ne sais comment remercier votre excellence...

— Parlez, Ramiro, quel motif si pressant
vous amène auprès de moi? S'agit-il de quelque prisonnier, de quelque comte troubadour?

— Non, excellence, j'ai fait arrêter plusieurs vagabonds cette nuit ; mais je ne les
ai point encore interrogés. Ces messieurs
français, que j'ai trouvés rassemblés au milieu du camp, m'ont chargé de vous apprendre la prise du fort de San-Léo par le cardinal
de la Rovère.

— Saint Michel! Ramiro! savez-vous bien
ce que vous me dites ?

— Ce n'est plus un mystère pour votre armée, excellence.

— Et c'est vous, Ramiro, qu'on charge de
me donner cette nouvelle!

— Quel mal y a-t-il, excellence? Cette
mission, je le sais, n'est pas dans mes attri-
butions ; mais que ne fait-on pas par obli-
geance ?

Le duc garda le silence; il se sentit blessé
à la fois dans ses intérêts et dans son orgueil, et songeant moins à un malheur passé
qu'à des malheurs à craindre, il chercha si
quelque secrète intelligence n'existait pas entre la Rovère et les Français de son armée;
mais l'insolence du message qu'il venait de recevoir le rassura, et bien qu'il se cachât souvent
lui-même sous son audace, le caractère des
chevaliers de France ne lui permettait pas de
conserver un soupçon de trahison. Alors une
de ces inspirations qui influent quelquefois sur
les destinées des nations féconda son génie;
ses regards en reflétèrent les vives clartés.

— Vous dites vrai, bon Ramiro, reprit-il
avec sang-froid; que ne fait-on pas par obli-
geance? Personne ne connaît mieux que moi
les services que vous m'avez rendus et la nature de ceux que j'attends encore de vous....
A propos, qu'avez-vous fait du comte Astorre?

— J'ai prévenu les désirs de son excellence.

— Fort bien; maintenant, mon fidèle et digne grand-justicier, je compte sur votre zèle accoutumé pour porter vous-même à ces messieurs Français, comme il vous plaît d'appeler les sujets du roi Louis, l'ordre de se rendre au conseil que je vais faire assembler.

En ce moment le secrétaire du prince entra, et celui-ci lut dans ses yeux la douleur que lui causait la triste nouvelle.

—Agapit, lui dit Valentinois, c'est un échec ; cependant je n'en suis pas abattu : assemblez nos officiers en conseil. C'est une position avantageuse que celle de San-Léo ; mais l'espace est vaste autour de la montagne.

— Excellence, dit le secrétaire, l'ambassadeur de la république florentine attend dans la salle d'audience.

— Je vais m'y rendre ; recommandez qu'on n'interrompe pas l'entretien que je vais avoir avec lui.

Agosto et quelques gentilshommes se présentèrent au lever du duc, qui retrouva toute la liberté ordinaire de son esprit pour donner des ordres, et le jeune montagnard, découvrant sur le visage de son père la trace des

fatigues et de l'impression fàcheuse qu'il avait
reçue, profita d'un instant de tête-à-tête pour
lui faire les plus touchantes caresses.

— Seigneur, dit-il, en baisant avec respect
la main paternelle, les citoyens du Titan ont
fait leur devoir; tous ceux qui portent une
armure auprès de vous feront le leur. La fortune est volage; vous seul savez la fixer: donnez le signal des combats, et vous m'y verrez
chercher, non pas mes frères, vous ne sauriez
exiger que mon épée devînt criminelle, mais
ce la Rovère.....

— Grand merci, Agosto; merci, beau fils!
nous n'espérions pas moins de toi : sois toujours digne de ton père.

Et il serra tendrement le jeune homme entre ses bras.

L'entrevue de César Borgia et de Machiavel
eut d'abord le caractère diplomatique que
les intérêts de deux puissances exigeaient; le
prince écouta les protestations d'amitié et de
dévouement que l'ambassadeur était chargé de
faire agréer, et les efforts tentés par les rebelles amis de la seigneurie pour l'enga-

ger à faire partie de la conjuration appuyaient ce langage ; de son côté le duc de Valentinois, se montrant sensible à cette conduite, expliqua ses griefs envers Florence, tout en s'excusant de ceux que la seigneurie avait le droit de lui imputer.

— Je suis franc et sincère avec vous, monsieur l'ambassadeur, et vous pouvez m'en croire, dit-il ; c'est contre mes ordres que Vitellozzo et les Ursins ont pénétré sur le territoire de Florence, et je ne suis pour rien dans la révolte d'Arezzo, pas plus que dans celle du Val-de-Chiana ; jamais je n'eus l'intention de favoriser les ennemis de la république, et j'ai refusé de recevoir Pierre Médicis dans mon armée ; quelle meilleure preuve puis-je donner de ma franchise que cette trahison des Vitelli que vous m'avez dénoncée et dont je connaissais toutes les sourdes menées... Mais les confédérés de la Magione sont peut-être plus les ennemis de Florence que les miens ; et pour n'être pas au milieu d'eux, Pierre Médicis n'en est peut-être que plus présent à leur pensée.

Puis, afin de ne plus garder de souvenirs
fâcheux, il accueillit les réclamations que la
seigneurie avait à faire. Mais soit qu'il voulût paraître aux yeux de Machiavel avec tout
l'étalage moral de ses vues élevées, soit que
son goût pour les discussions métaphysiques
fût pour lui un encouragement, une distraction ou un maintien, il se hâta de prendre un
langage qui pût lui laisser plus de liberté.

— Saint Michel! monsieur l'ambassadeur,
dit-il avec gaîté, je veux cesser un moment
d'être prince et redevenir simple citoyen de
Pise; comme sur la montagne de San-Marino,
je ne veux voir en vous qu'un citoyen de Florence. Les assurances de paix et de concorde
que m'a données l'ambassadeur ne me font
pas balancer à regarder Machiavel comme un
ami.

— Ce titre m'honore, excellence... répondit
Machiavel.

— Laissons-là l'excellence et l'envoyé de la
seigneurie; causons avec ce laisser-aller,
cette liberté, qui convenaient si bien à nos
paroles au milieu des grosssiers républicains

de San-Marino, que Dieu les damne! vous ne
devez pas ignorer leur audacieuse entreprise.

Machiavel crut devoir ne répondre qu'à la
proposition du duc.

—Il me sera bien difficile d'oublier que je
parle à l'un de ces hommes dont le ciel est
avare, dit-il avec courtoisie.

— Le ciel les envoie quand ils sont nécessaires. Vous avez jusqu'ici partagé l'opinion de
l'Italie sur les Borgia; j'espère, Machiavel,
que vous les jugerez mieux désormais! Je vous
crois trop supérieur pour vous laisser influen-
cer comme le vulgaire, et je vous estime assez
pour combattre vos opinions. Je commence
donc par vous dire que je n'ai gardé qu'un
souvenir confus de quelques mots échappés
à votre bouche contre notre saint Père et
contre moi-même, saint Michel!

— Cet aveu me prouve qu'il n'est pas une
de mes paroles qui ne soit restée vivante dans
votre mémoire; mais le duc de Valentinois
doit pardonner à un admirateur de Brutus et
de Cassius.

--- Pourquoi donc cet enthousiasme pour

des hommes d'un esprit étroit, sans vue d'a-
venir ? Ils se souillèrent d'un crime inutile ;
le héros qu'ils immolèrent avait la mission de
préparer l'humanité à recevoir de vastes dé-
veloppements. Croyaient-ils donc que le genre
humain dût croupir dans l'ornière du républi-
canisme ? César en avant de son siècle a sur-
vécu jusqu'à la chute de Rome, et Rome a
fait marcher le monde depuis César : pour
arriver où nous sommes, peut-être fallait-il les
crimes, les extravagances des maîtres de la
terre. L'humanité a des étapes sur sa grande
route ; elle se repose quelquefois, mais elle
n'arrive pas.

—Pour admettre un tel système, il faudrait
convenir que nous sommes dans un état
plus parfait, plus grand que ne l'était Rome
sous ses consuls, avec ses vertus et sa puissance.

— En douter est une erreur, même en com-
parant Rome à Rome. Mais n'emprisonnons
pas l'esprit humain dans une ville, il est de sa
nature inconstant, capricieux ; aujourd'hui
sous le capuchon, demain sous le casque, il

se joue des hiérarchies, il court d'un pôle à l'autre, et son trône est toujours chez le peuple le plus avancé. Examinez le mouvement progressif de l'humanité, voyez-le grandir de tout ce qu'elle renverse, établir l'égalité chrétienne au Capitole...

— Il me semble que ce perfectionnement est ce que nous appelons démocratie.

— Les dénominations ne sont rien en elles-mêmes.

— Mais cette belle et noble égalité, sanctionne-t-elle le duc de Valentinois dans ses conquêtes ?

— Je pourrais vous dire comme le Christ : *rendez à César ce qui est à César;* mais j'invoque une autre autorité, celle d'une supériorité morale : ce pouvoir a existé long-temps de lui-même; l'esprit d'examen, de tolérance et de liberté cherche à l'ébranler sur sa large base, il faut l'y raffermir. J'oublie toujours le duc de Valentinois quand je raisonne; je me place alors au point le plus élevé, tandis que les hommes possédés de l'esprit de vertige qui se manifeste avec d'effroyables pro-

grès se perchent sur de frêles rameaux,
comme pour détruire pièce à pièce...

— Un ordre de choses usé.

— Qu'on laisse agir Valentinois, et peut-
être le verrez-vous se placer à la tête de l'humanité avec un tel ordre de choses.

— J'ai la plus haute opinion des talents du
duc de Valentinois; cependant, le monde
entier offre une idée si gigantesque quand il
s'agit de lui commander, que de tels projets
me semblent au-dessus de la nature.

— Mon cher Machiavel, la vie d'un homme
est si courte qu'il parvient rarement à effec-
tuer une grande conception. Mais les pensées
généreuses forment l'héritage de ceux que le
ciel dote d'un vif amour pour l'humanité ;
chacun d'eux compte sur cette noble succession; un siècle achève les travaux de l'autre : ouvrons toujours la voie, on nous y suivra. L'I-
talie aujourd'hui paraît à nos yeux comme un
miroir brisé; on la cherche dans trente cités
rivales, et nulle part on ne la trouve ; il faut
lui rendre son antique influence. Le pouvoir

central, image de la Providence, aura bientôt un antécédent.

— Voilà l'univers réduit à l'Italie, et je commence à comprendre. Cependant, plus les bornes du système se rapprochent, moins je vois la possibilité de l'établir... Je crains bien que l'univers ne se réduise à la Romagne.

— Malheureux! vous me ramenez sur terre. La Romagne! on la dispute à son nouveau maître. Machiavel, ces rustres de San-Marino viennent de m'enlever par la ruse le fort de San-Léo.

— Les maladroits! votre excellence enleva d'un seul coup tout le duché d'Urbin au pauvre Guidobaldo; j'ai trop de confiance dans les talents de mon compagnon à la Guaita pour penser qu'il s'affecte d'un tel échec.

— Le duc d'Urbin peut reparaître...

— Je puis assurer qu'il a déjà quitté Venise.

— Saint Michel! la perte de cette forteresse...

— Que votre excellence se rassure; le premier emploi que Guidobaldo fera de son

autorité, sera l'ordre de détruire les bastilles :
il est aimé de ses sujets.

— Quant à moi, *oderint dùm metuant!*
Machiavel, les hommes brisent facilement le
lien de l'amitié; il faut être terrible quand on
ne peut être aimé, terrible à la tête d'une
armée!... Ah! si j'avais toujours suivi cette
sage maxime, peut-être n'aurais-je point à
craindre les rebelles de la Magione. Ma
trop grande douceur a compromis mes intérêts... Je n'ai fait tomber que trois têtes dans
mon duché d'Urbin, encore c'était celles de
trois ennemis de mon père... Eh! comment
faisait donc Annibal? Vous vous le rappelez,
dans ses succès, dans ses revers, il n'eut
jamais à punir la moindre dissension, pas
même la pensée de trahison, parmi les gens
de tous pays qui composaient son armée.
Mais mon conseil s'assemble, je punirai l'audace des Ursins, de leurs amis, et l'avenir....
L'avenir! saint Michel! c'est un champ de
promesse; c'est l'âge d'or, quand le passé n'est
si souvent qu'un espoir déçu.

— Tout ce qui naît du génie de votre ex-

cellence semble au-dessus de notre niveau.
Le pouvoir absolu siérait bien peut-être à
l'homme enflammé d'un vif amour pour l'humanité; mais l'éducation républicaine qu'on
reçoit à Florence nous accoutume à ne reconnaître que les pouvoirs délégués au nom de
tous; nous regardons la liberté comme le
premier besoin.

— Sans vous apercevoir que ce n'est qu'une
alternative entre la licence et l'esclavage.

— Non, excellence; pour le bonheur de la
cité, il s'élève parfois des citoyens sages qui
affermissent les institutions pour le bonheur
général.

— Je le sais; les Médicis, par exemple.

— Excellence, la vertu de tous rassure
Florence.

— Il ne faut, pour le pouvoir absolu, que
la supériorité d'un seul.

— Par malheur, celui-là n'a pas toujours
l'empire.

— Qu'il le veuille, et la soumission volon-
taire des peuples, leur vénération, leur
amour, formeront une liberté sans décep-

tions. Mon cher Machiavel, une ville est mal gouvernée quand on peut y fomenter la guerre civile en y jetant des balles (1) ; et vous connaissez le proverbe français : *La balle va au joueur.*

— Mais on sait à Florence saisir la balle au bond.

— Mais.... mais.... on ignore une grande vérité, c'est que la liberté qui dure, c'est la puissance : celle dont on y jouit, c'est la volonté de chacun.

— Elle y semble préférable au caprice d'un seul, excellence.

— Non ; pour rendre à l'Italie son antique influence, il faut l'unité d'un prince....

— Ou d'un principe.

— Comme vous l'entendrez : qui dit l'un dit l'autre.

En ce moment, un gentilhomme vint remettre au duc les dépêches d'un courrier. Il se hâta d'en prendre connaissance, puis, s'a-

(1) L'écusson des Médicis portait trois balles.
(Note de l'Éditeur.)

dressant à Machiavel, il ajouta avec une espèce
de fatuité politique :

— Monsieur l'ambassadeur, c'est un message du brave Vitellozzo : il demande grâce,
il proteste d'un dévouement sans bornes, il
assure qu'il n'a jamais trempé dans aucun
complot..... Les pauvres confédérés ! je suis
généreux... mais on m'attend au conseil. Adieu,
Machiavel, je vous estime et je vous aime; je
fais droit à toutes les réclamations de la seigneurie de Florence : voyez Spanocchi. Quant
à vous, je vous prie de m'accorder une faveur.
Je la réclame au nom de l'amitié... Il s'agit du
jeune Agosto; vous n'ignorez pas les liens
secrets qui nous unissent; il ne respire que
pour sa montagne, et là, Machiavel, je veux,
je dois établir par lui, pour lui, la domination de Valentinois. Il faut nous entendre
pour cela.

— Mais, excellence, la liberté des San-
Marinois ?...

— Ne sera pas compromise, s'ils élisent
pour magistrat ce fils, ami fidèle de leurs

institutions : il est sage et prudent de respecter les petits États, ceux qui ne portent aucun
ombrage.

Machiavel sortit étonné de la confiance de
Valentinois. Il n'avait pu s'empêcher d'admi-
rer la supériorité de cet homme de bruit et
de sang ; mais, craignant toujours que ses
idées gigantesques ne couvrissent quelque
piége, il s'était appliqué à chercher au fond
un sens mystérieux ; et l'importance qu'il
donnait à ce qu'il ne voyait pas ne lui avait
pas laissé saisir le sens précis de ce qu'il
venait d'entendre. Mais, satisfait d'avoir réussi
en suivant les instructions de la seigneurie,
il se hâta d'aller écrire aux *magnifiques sei-*
gneurs (1).

(1) Titre donné aux membres du gouvernement
de Florence.

(Note de l'Éditeur.)

FIN DU TOME PREMIER.

www.ingramcontent.com/pod-product-compliance
Lightning Source LLC
Chambersburg PA
CBHW050741030726
47505CB00002B/344